delicious days

Nicole Stich

delicious days

ATURE'S GIFT FROM THE DESE
Cahill's
PURE
OMEGRANATE JEL

Inhalt

Eigentlich hab' ich immer Hunger. Zumindest denke ich bestimmt mehr als dreimal am Tag ans Essen. Dass mir dabei die Idee kam, übers Kochen zu schreiben, ist da kein Wunder. Meine Gedanken dazu und lieb gewonnene Rezepte kann man seitdem in meinem Foodblog deliciousdays.com nachlesen. Vom Time Magazine ausgezeichnet – als eine der 50 coolsten Websites weltweit. All das hat mein Leben ganz schön auf den Kopf gestellt! Nur eines nicht: Ich denke noch immer am liebsten über das nach, was ich als nächstes in meiner Küche zaubern könnte.

Nicky

Reisshauer

VON EINER, DIE AUSZOG, DAS GENIESSEN ZU LERNEN

Hätte man meinen Eltern prophezeit, dass ich einmal ein Kochbuch schreiben würde, ihnen wären wohl einige schlaflose Nächte erspart geblieben. Ich war das, was man – ging's ums Essen – als verzogenen Fratz bezeichnen würde: Ich mochte keine Kräuter in der Suppe, keine Zwiebeln am Gemüse, Pilze nur, wenn sie nicht als solche zu erkennen waren, die Liste ließe sich endlos fortsetzen. Kinder können sehr einfallsreich sein in der Begründung, warum sie etwas nicht essen wollen, und ich war es ganz besonders.

Dies änderte sich erst, als ich begann, die Wochenenden bei meinen Großeltern zu verbringen. Fast alles drehte sich dort ums Essen: Die dicht behangenen Bäume im Obstgarten wollten abgeerntet werden, im Gewächshaus rankten Gurken und Zucchini um die Wette, und das Brot stammte aus der kleinen Dorfbäckerei meines Großonkels, in der meine Großmutter regelmäßig aushalf. Sie verstand es meisterlich, mich und meine Freundinnen in die Küchen- und Gartenarbeit mit einzubeziehen, auch wenn wir ausgestattet mit Gummistiefeln und Wasserschlauch gerne die Beete unter Wasser setzten, ungeduldig viel zu kleine Radieschen aus dem Beet stibitzten oder noch grüne Kornäpfel von den Ästen pflückten. Natürlich waren auch die Kochkünste meiner Großmutter einer der Gründe, warum ich so gerne zu ihr zu Besuch kam. Ihre bodenständige Küche versammelte regelmäßig die ganze Familie um den Tisch. Mit welcher Hingabe sie neben ihrem Beruf als Schneiderin und Lehrerin hinter dem Herd stand und jeden Tag aufs Neue ihre Familie verpflegte, habe ich von klein auf bewundert.

Leider verstarb meine geliebte Großmutter viel zu früh – und mit ihr verschwanden viele ihrer traditionellen Familienrezepte, da sie nur die allerwenigsten in schriftlicher Form festgehalten hatte. Ich war mittlerweile von zu Hause ausgezogen, um zu studieren, und machte erste Gehversuche in meiner eigenen, winzig kleinen Studentenküche. Den Kühlschrank hatten mir meine Eltern geschenkt, und der Ofen war ein Relikt aus der Wohnung meiner Urgroßmutter, aber allemal ausreichend für das, was ich vorhatte: die lieb gewonnenen Gerichte meiner Oma nachzukochen – auch wenn mir niedergeschriebene Rezepte fehlten. Von Vorteil war, dass ich ihr jahrelang beim Kochen und Backen zugesehen und geholfen hatte, die einzelnen Schritte waren mir also bereits vertraut. Der Rest war beharrliches Ausprobieren. Und so entdeckte ich nebenbei, welch großen Spaß mir die Arbeit in der Küche eigentlich machte.

Ich begann regelmäßig für gute Freunde zu kochen, was damals – Jamie Oliver war noch eine unbekannte Größe und Kochen alles andere als hip – zuerst mit lieb gemeinten Spötteleien quittiert wurde: Ich würde in jedem Fall eine tolle Hausfrau abgeben, sollte das mit meinem Studium nichts werden ... Und trotzdem versammelten sich alle immer wieder gerne um meinen Esstisch.

» delicious days ist pure Eleganz ... eine umwerfend schöne Website. Außerdem schätze ich die Betonung saisonaler und lokaler Zutaten sowie klassischer Kochmethoden. Nicky präsentiert ihre Kochabenteuer mit dem Auge einer Künstlerin für Detail und Schönheit. Jedes Gericht ist ein kleines Juwel, eine schöpferische Vision, die widerspiegelt, wie Kochen am Herd zu Hause sein kann. «

Elise Bauer, Carmichael
www.simplyrecipes.com

Jahre später habe ich zwar mittlerweile fast alle Lieblingsrezepte meiner Großmutter erfolgreich nachgekocht, aber auch erkannt, dass es in anderen Ländern und Küchen noch viel Aufregendes zu entdecken gibt. Und es bereitet mir noch immer eine unbändige Freude, liebe Menschen an meinem Tisch zusammenzubringen und für sie zu kochen. Denn: Für mich sind Kochen und gutes Essen die einfachsten Mittel, um jemanden glücklich zu machen.

VOM BLOG ZUM BUCH

Beim Stöbern im Internet, auf der Suche nach einem Rezept, stolperte ich Anfang 2005 über Foodblogs und war von der allerersten Sekunde an fasziniert. Auf diesen Webseiten schrieben Menschen rund um den Globus über ihre kulinarischen Erlebnisse und ihre Lieblingsrezepte – mal mehr, mal weniger persönlich –, tauschten Tipps und Meinungen aus oder diskutierten die neuesten Trends in der Küche. Schnell gehörte eine Handvoll Blogs zu meiner täglichen Leseroutine, ich war begeistert, mit wie viel Enthusiasmus sich Foodblogger ihrem Lieblingsthema widmeten. Dass ich schon kurz darauf mit dem Gedanken spielte, meinen eigenen Blog zu schreiben, lag da natürlich auf der Hand. Unzählige Ideen wurden geboren und ebenso schnell wieder verworfen, ein passender Name wurde gesucht und Oliver, mein Freund, half mir in den darauffolgenden Tagen mit der technischen Umsetzung: Am 6. März 2005 war es dann so weit, ein letztes Mal den »Upload«-Button geklickt und mein kleiner Blog www.deliciousdays.com erblickte das Licht der Welt. Wusste ich, worauf ich mich da eingelassen hatte?!

» Die hinreißend ästhetischen Fotos ziehen einen in ihren Bann, die Rezepte informieren und inspirieren. delicious days zählt zu meinen absoluten Lieblings-Foodblogs, schon von dem Tag an, als ich die Seite vor Jahren entdeckte. Ein Foodblog, wie er sein sollte: stilvoll, persönlich ... das Wasser läuft einem im Mund zusammen. Er ist spielerisch und fesselnd geschrieben, man spürt, dass Nicky viel Spaß in der Küche hat. Ich gehöre zu der Schar Fans, die ungeduldig auf ihr erstes Buch wartet – es kann nur fabelhaft sein. «

David Lebovitz, Paris
www.davidlebovitz.com

Die ersten Beiträge, meist Rezepte mit einer kleinen, persönlichen Geschichte, gingen online, und während ich mich noch im Stillen fragte, ob das wohl überhaupt jemand lesen würde, trudelte bereits das erste Feedback ein – scheinbar hatte ich mit meinen kleinen Rezept-Anekdoten und meinem Blog-Design tatsächlich einen Nerv getroffen. Die größte Herausforderung aber waren die begleitenden Rezeptbilder. Wer schon einmal versucht hat, seiner kleinen Digicam am heimischen Küchentisch ein ansprechendes Foto einer Portion selbst gekochter Spaghetti zu entlocken, der kann sich in etwa ein Bild davon machen, wie frustrierend meine ersten Versuche verliefen (zu dunkel, verschwommen, ist das Hundefutter?).

Doch die wenigen guten Bilder, die am Anfang wohl mehr zufällig dabei entstanden, reichten aus, um meinen Ehrgeiz zu wecken. Ich begann mich mit Food-Fotografie zu beschäftigen und merkte schnell, dass es nicht die makellos gestylten Gerichte in Hochglanzmagazinen waren, die mich wirklich ansprachen. Stimmungsvolle, authentische Bilder bei Tageslicht, die einem trotzdem das Wasser im Munde zusammenlaufen ließen, vielleicht auch mal einen neuen Blickwinkel eröffneten oder ein ungewöhnliches Detail ins Visier nahmen, das gefiel mir. Sicher kostete es mich an Anfang ein wenig Übung und vor allem Muße, jedes Gericht ohne Hilfsmittel oder Tricks appetitlich angerichtet auf den Tisch zu bringen und in einem ansprechenden Foto festzuhalten, dafür war aber gewährleistet, dass meine Leser eine realistische Abbildung des Rezepts bekamen – what you see is what you get. Zu oft hatte es mich selbst schon frustriert, wenn ich ein Rezept wegen des vielversprechenden Fotos nachgekocht hatte, aber das Ergebnis auf meinem Teller dann leider so gar nichts mehr mit dem kunstvoll gestylten Gericht auf dem Bild zu tun hatte.

Das nächste Geschenk an mich selbst war eine kleine, digitale Spiegelreflexkamera mit Stativ – mit beidem arbeite ich auch heute noch. Da sich das Kochen, Anrichten und Fotografieren stets in unserer Küche abspielt, herrscht dort mitunter Ausnahmezustand, Töpfe und Teller türmen sich neben Rezepttexten und Ersatzbesteck, während noch etwas auf dem Herd vor sich hin köchelt. Oft bleiben nur wenige Minuten,

in denen sich ein Gericht frisch und optisch ansprechend ohne Hilfsmittel fotografieren lässt – bei einem Panna Cotta gelingt dies sicher leichter als bei einer Kugel schnell schmelzendem Sorbet. Dazu kommt natürlich noch mein knurrender Magen, der es meist kaum erwarten kann, das Essen umgehend seiner wahren Bestimmung zuzuführen ...

Auch meine Art Rezepte zu schreiben, hat sich durch das Bloggen verändert. Ausgelegt auf eine schnellstmögliche Kontaktaufnahme mittels Kommentar oder E-Mail, erhält man als Autor umgehend Feedback von seinen Lesern, positiv wie negativ, Fehler oder Unstimmigkeiten werden rasch entdeckt. So genau meine Rezepte auch ausgearbeitet sind, so sehr ermutige ich jeden, diese ganz nach dem eigenen Geschmack abzuwandeln. Ein Rezept ist für mich lediglich eine Inspiration und grobe Richtschnur, dem man mit fortgeschrittener Erfahrung und Intuition seine ganz persönliche Note geben kann. Abgesehen davon, dass lokale Gegebenheiten wie Geschmack, Qualität und Verfügbarkeit der Lebensmittel, Luftfeuchtigkeit oder Standorthöhe mitunter eine wesentliche Rolle spielen und nicht allgemeingültig bedient werden können (siehe dazu auch Seite 208).

Es überrascht mich immer wieder, wie sehr man Menschen mit Rezepten begeistern kann, vor allem, wenn eigene Erinnerungen damit verknüpft sind. Dann vermag es ein bestimmter Geschmack oder das Aroma, das der Backofen verströmt, einen für den Bruchteil von Sekunden in einen längst vergangenen Moment zurückzuversetzen. Die traditionellen Rezepte meiner Großmutter sind dafür das beste Beispiel. Wenn ich jemandem zu so einem kleinen Glücksmoment verhelfen kann, oder mir eine Leserin hellauf begeistert schreibt, dass mein Kuchenrezept sie zur beliebtesten Kollegin im Büro gemacht hat, dann ist das für mich der allerschönste Aspekt am Foodbloggen – einmal abgesehen von den vielen liebenswerten Menschen, die ich dadurch kennengelernt habe.

» Nickys Genialität fasziniert mich immer wieder aufs Neue, was sie aus delicious days gemacht hat, ist einmalig. Sei es ein fantastisches Rezept, das sie unbedingt mit ihren Lesern teilen will, eine neue Arbeitstechnik oder die Begeisterung über eine neue Zutat. Stellt sie sich einer großen, kulinarischen Herausforderung, dann tut sie es mit ihrem unverwechselbaren Witz und Humor. Leser und Foodblogger aus aller Welt sind süchtig nach Nickys Geschichten über ihre neuesten Entdeckungen und Reisen – sie öffnet uns ihre Welt, und wir dürfen daran teilhaben und genießen. So wundervoll wird also in München gekocht! «

Josh Friedland, New York
www.thefoodsection.com

Trotzdem fiel ich erst mal aus allen Wolken, als mich ein Verlag kontaktierte und vorschlug, gemeinsam ein Buch zu produzieren. Sicher, ich lese und sammle Kochbücher wie andere Menschen Romane, und mein Blog hatte mittlerweile eine beachtliche Leserschaft, aber ein eigenes Kochbuch schreiben, konnte ich das? Ich grübelte hin und her und überlegte, wie ich mir mein eigenes Buch vorstellen würde, bis ich einen Anruf von einer Redakteurin aus dem Haus Gräfe und Unzer erhielt. Man wollte nicht nur ein Buchprojekt mit mir angehen, sondern legte auch großen Wert darauf, dass ich meine eigenen Ideen verwirklichen konnte und dem Buch meine Handschrift geben würde. Da war es um mich geschehen.

Inzwischen ist ein gutes Jahr vergangen und aus der Idee wirklich ein Buch geworden, von dem ich hoffe, dass es andere inspiriert, Appetit macht und seinen Platz sowohl in der Küche wie auf dem Sofa finden wird. Wenn »delicious days« genauso gerne gelesen wird, wie ich es geschrieben habe, dann bin ich glücklich.

EIGENTLICH WOLLTE ICH DOCH NUR WAS ESSEN

Habe ich auch das richtige Bio-Label gekauft? Wieso schmecken meine Suppen immer so fad? Hatte mein Zitronenhuhn denn ein glückliches Leben, und bin ich von vorgestern, wenn ich mit Melonen-Kaviar so gar nichts anzufangen weiß? Ein paar Denkanstöße und Tipps rund ums Kochen und Genießen, weshalb das eigene Küchen-Ego gepflegt werden will und warum die falsche Einstellung einem garantiert nicht weiterhilft ...

Küchenkarma: Gerade bei kulinarischen Herausforderungen hat man schon mal ein wenig Bammel und Respekt, was auch völlig o.k. ist. Wer sich aber gerne einredet, dass das Karamell bestimmt wieder anbrennt und der Hefeteig sowieso nie aufgehen wird, der tut sich keinen Gefallen. Ein bisschen Zutrauen in die eigenen Fähigkeiten und ein anderes Rezept bewirken oft wahre Wunder!

In geselliger Runde schmeckt alles doppelt so gut. Auch wer noch eher am Anfang seiner Küchenkarriere steht, sollte regelmäßig Freunde und Familie zum Schlemmen um den Tisch versammeln und eigene Traditionen schaffen. Motto: »Weniger ist mehr« – ein einziges gutes Gericht erfreut Gäste mehr als ein aufgelöster Gastgeber mit verkorkstem 5-Gänge-Menü.

» delicious days ... was soll ich sagen, Nickys Kreationen können einen wirklich süchtig machen. Und sind trotzdem leicht verständlich – die Rezepte sind problemlos nachzukochen und gelingen einfach immer. Wer sich bis jetzt noch nie an selbst gemachte Pasta oder andere Herausforderungen am heimischen Herd gewagt hat, dem hilft delicious days dabei, den Sterne-Koch in sich zu entdecken. «

Johanna Wagner, London
www.thepassionatecook.com

Das Salz in der Suppe: Ein Rezept kann noch so detailliert beschrieben sein, das Würzen und Abschmecken kann es einem nicht abnehmen. Dabei ist ein »Zuviel« mindestens ebenso schlimm wie ein »Zuwenig«. Mehrmaliges Abschmecken hilft, ein gutes Gespür zu entwickeln, und man wird mit einem runden Geschmack belohnt.

Trends & Küchenspielzeug: Kochen ist seit ein paar Jahren wieder »in«, fast jeder TV-Sender hält sich seine eigenen Kochshows, und auch die Industrie hat die Zielgruppe der Hobbyköche längst entdeckt. Neue Trends werden kreiert und neuartige Küchenhelfer vermarktet. Dabei braucht es sehr wenig Schnickschnack, um gut zu kochen, selbst in der kleinsten Küche lassen sich wahre Wunder am Herd vollbringen, wenn man mit Leidenschaft dabei ist – und die lässt sich nun mal nicht kaufen.

Toleranz ja, Dogmatismus nein: Treffen in der Küche unterschiedliche kulturelle und kulinarische Einflüsse aufeinander, dann können aufregende, neue Kreationen entstehen. Vorausgesetzt man streitet nicht über die einzig wahre Art der Zubereitung oder der Essgewohnheiten.

Bio & Co.: Ein Essen wird nur so gut wie seine Zutaten, schon deshalb sollte man Lebensmittel nach ihrer Qualität und ihrem Geschmack, nicht nach ihrem Preis auswählen – Maßstab ist natürlich der eigene Geldbeutel. Vergleichen, ausprobieren und dabei regionale und saisonale Angebote nutzen. Sich weniger auf Etiketten als auf das eigene Urteil verlassen.

Der eigene Stil kommt dann von ganz alleine. Selbstvertrauen gepaart mit Erfahrung. Ein Rezept schon beim Durchlesen auf der Zunge schmecken können. Mit Neugierde und Bauchgefühl eigene Ideen ausprobieren. Und wenn doch mal was schief geht: aus Fehlern lernen und drüber lachen.

klein & fein

PITTOLE

Während meiner Studentenzeit in Regensburg waren wir oft bei einem kleinen Lieblingsitaliener, der diese goldbraun frittierten Teigkissen als Antipasti auf der Karte hatte – leider wollte er nie mit seinem Rezept rausrükken.

Einen kleinen Tipp bekam ich aber doch: Der Teig sei einem regulären Pizzateig sehr ähnlich. Nach ein paar Versuchen hatte ich den Dreh raus, die kleinen Pittole schmeckten fast noch besser als im »Dolce Vita«! Die Knoblauch- und die Rosmarinmenge kann übrigens ganz dem eigenen Geschmack angepasst werden. Nur eines sollte wirklich keiner außer Acht lassen: Man kann gar nicht genug von den Pittole kriegen und das Hauptgericht wird schnell zur Nebensache.

ERGIBT ETWA 50 STüCK
ZUBEREITUNGSZEIT: 45 MINUTEN
PLUS 30–45 MINUTEN GEHEN

Hefeteig

300 g Mehl (eventuell noch etwas mehr)
1 TL Salz
20 g frische Hefe
1 Prise Zucker
2 EL Olivenöl

Zum Frittieren

3 Knoblauchzehen
3–5 Zweige Rosmarin
Olivenöl

Für den Teig Mehl und Salz in eine große Schüssel geben und vermengen, in die Mitte eine Vertiefung drücken. In ein kleines Gefäß die Hefe krümeln, 200 ml lauwarmes Wasser und den Zucker dazugeben und verrühren, dann in die Vertiefung gießen. Das Olivenöl zugeben und alles per Hand oder Küchenmaschine verkneten. Der Teig soll geschmeidig sein und kaum kleben, sonst noch esslöffelweise Mehl zugeben. Den Teig mit Mehl bestäuben und zugedeckt an einem warmen Ort 30–45 Minuten gehen lassen, das Volumen sollte sich dann ungefähr verdoppelt haben.

Knoblauch schälen, Rosmarin abbrausen und gut trockentupfen. Beides in eine größere Pfanne oder einen Wok geben und mindestens zwei Fingerbreit Olivenöl dazugießen, die Teigstücke sollen darin frei schwimmen können. Das Öl erhitzen (maximal 180 °C).
In der Zwischenzeit den Teig noch mal kurz durchkneten. Arbeitsfläche leicht mit Mehl bestäuben und den Teig etwa fingerdick ausrollen. In kleine Quadrate schneiden (Seitenlänge ungefähr 4 cm).

Dann ein Teststück frittieren: Sprudelt das Öl und geht das Teigstück auf, dann ist das Öl heiß genug, es darf aber keinesfalls anfangen zu rauchen! Die Teigquadrate nach und nach ins Öl geben und unter mehrmaligem Wenden goldbraun herausbacken. Immer auf Küchenpapier geben und überschüssiges Fett abtropfen lassen.

Die Pittole mit geräuchertem Schinken, Käse und Antipasti noch warm servieren.

ZIEGENKÄSE MIT GRÜNEM NUSS-DRESSING

Meine liebe Mama hat mir eine seltsame kulinarische Vorliebe mit auf den Weg gegeben: Uns beiden ist ein gutes Dressing oft lieber als der Salat drumherum. Ich kann mich noch gut an die regelmäßige Entrüstung am Esstisch meiner Großeltern erinnern, wenn wir beide möglichst unauffällig versuchten, die letzten Tropfen von Oma Luises Endiviensalat-Dressing aus unseren Salatschälchen zu löffeln – oder ganz frech – gleich auszuschlürfen. War das nicht ein großes Kompliment an die Köchin? Auch heute ertappe ich mich noch ab und zu dabei, aber in den eigenen vier Wänden ist das wohl gerade noch zu vertreten ...

Das Olivenöl und die gehackten Pistazien geben diesem Dressing seine bemerkenswerte grüngelbe Farbe, ein milder Honig zusammen mit dem Weißweinessig harmoniert wunderbar mit den Früchten im Salat. So schmeckt ein Lieblingsdressing!

REICHT FüR 4 ALS KLEINER APPETIZER
ODER FüR 2 ALS SALAT
ZUBEREITUNGSZEIT: 30 MINUTEN

Dressing

8–10 Walnusskernhälften
1 gehäufter EL ungesalzene Pistazienkerne
6 EL fruchtiges Olivenöl
2 EL milder Honig
1 EL Weißweinessig
1 Prise Salz

Salat

1/2 Kopf Friséesalat
1 kleine Staude Chicorée
1 großer säuerlicher Apfel
1 große Birne
1 Handvoll blaue Weintrauben
100 g gereifter Ziegenweichkäse (von der Rolle)

Den Backofen auf 180 °C (Umluft 160 °C) vorheizen, den Grill zuschalten (soweit vorhanden).

Zuerst das Dressing zubereiten: Walnüsse und Pistazien mit einem Messer oder im elektrischen Zerhacker relativ fein zerkleinern. In einer Schüssel mit den übrigen Dressing-Zutaten verrühren.

Dann die Salate putzen. Den Frisée in kleine, mundgerechte Stücke zupfen, Chicorée in möglichst dünne Streifen schneiden. Die Salate kurz waschen und trockenschleudern. Apfel und Birne gut waschen (beide werden mit Schale verwendet), in Viertel schneiden und das Kerngehäuse entfernen. Die Fruchtviertel dünn aufschneiden. Die Weintrauben waschen und halbieren. Apfel, Birne und Trauben zusammen mit den Salaten in kleinen Schälchen anrichten.

Den Ziegenkäse in dünne Scheiben schneiden und auf ein mit Backpapier ausgelegtes Blech geben. Im Backofen möglichst nahe unter den Grillschlangen goldbraun werden lassen (das passiert in nur wenigen Minuten, also hier unbedingt dabei bleiben, damit der Käse nicht verbrennt), dann ganz vorsichtig mit einem Spatel auf den vorbereiteten Salaten anrichten. Zum Schluss mit dem Dressing beträufeln.

GEFÜLLTE MEDJOOLS MIT SPECK

Auf dem Weg zum Farmers Market am Ferry Plaza (San Francisco) fragte uns Sherry, ob wir kalifornische Medjool-Datteln kennen würden. Nein? Die müssten wir unbedingt versuchen – und schon warf sie kurzerhand die Menüplanung für das Abendessen um. Gemächlich ließen wir uns von einem Marktstand zum nächsten treiben, restlos verzückt von den zum Verkosten angebotenen Köstlichkeiten der einzelnen Stände. Nur sehr langsam arbeiteten wir die gesamte Einkaufsliste ab, durften wir doch überall kleine Happen probieren. Die Standbesitzer schwärmten mit solcher Begeisterung von ihren Produkten, dass wir am Ende natürlich viel mehr gekauft hatten als eigentlich geplant.

»Hier, nehmt mal eine!«, Sherry hielt uns die Tüte mit ihren eben erstandenen Datteln unter die Nase. Schon optisch unterscheiden sich die sonnengetrockneten Medjools durch ihre leicht bläulich schimmernde, ein wenig runzeligen Haut von herkömmlichen Datteln. Ihr wahres Potenzial entfaltet sich aber beim ersten Bissen: Das cremige Fruchtfleisch erinnert an süßestes Karamell und Maronen, nicht ohne Grund wird diese Sorte als Königin unter den Datteln bezeichnet. Sie sind wahre Energiespender, eignen sich hervorragend als Snack zwischendurch und geben Salaten und Desserts eine orientalische Note. Sherry servierte sie uns noch am gleichen Abend gefüllt mit Rauchmandeln. Wieder zu Hause durfte ich beglückt feststellen, dass sogar unser Gemüsehändler um die Ecke Medjool-Datteln aus Kalifornien ab und zu im Angebot hat. Unbedingt mal kosten!

FüR 4 ALS APPETIZER
ZUBEREITUNGSZEIT: 30 MINUTEN

- 16 Medjool-Datteln
- 100 g Ziegenweichkäse oder Gorgonzola dolce
- 16 dünne Scheiben Speck (es eignet sich herkömmlicher Frühstücksspeck – Bacon –, etwas würziger wird es mit italienischem Pancetta oder Coppa und ganz speziell mit Lardo-Speck)

Außerdem

- 16 Zahnstocher

Medjool-Datteln mit einem kleinen, scharfen Messer der Länge nach einschneiden und die Kerne vorsichtig herausdrücken (die Datteln sollten dabei möglichst unversehrt bleiben). Jede Frucht mit gerade so viel Ziegenkäse (ich nehme gerne eine milde Sorte) oder Gorgonzola füllen, dass sich die Datteln wieder vollständig schließen lassen. Dann stramm mit je 1 Scheibe Speck umwickeln und diese mit dem Zahnstocher feststecken.

Die Datteln entweder auf ein mit Backpapier ausgelegtes Backblech setzen und im auf 200 °C vorgeheizten Backofen (Umluft 180 °C) auf der mittleren Schiene 10–15 Minuten backen. Oder die Medjools bei mittlerer Hitze in einer Pfanne (ohne Zugabe von Fett) von allen Seiten in 3–5 Minuten kross anbraten.

Die Variationsmöglichkeiten bei diesem Rezept sind endlos: Der Ziegenkäse oder Gorgonzola lässt sich durch andere Käsesorten wie Pecorino oder Manchego ersetzen, aber auch leicht angeröstete Mandeln oder Walnüsse geben eine vorzügliche Füllung ab.

OFENGETROCKNETE TOMATEN

Ich erinnere mich noch gut, als die ersten getrockneten Tomaten in Feinkostläden und Antipasti-Theken auftauchten, sie wurden schnell unerlässlich für jeden, der seinen Gerichten ein mediterranes Flair einhauchen wollte. Ob mitgeschmort in Rouladen, klein geschnippelt in Pasta-Gerichten oder als Standard in jedem Tramezzini – sie waren einfach überall. Doch leider sind viele Vertreter ihrer Art nur mehr ein trauriger Abklatsch ihres Vorbildes – zäh, trocken und oft ziemlich aufdringlich im Geschmack.
Dabei lässt sich zu Hause im eigenen Ofen ein tausendmal besseres Ergebnis erzielen, es erfordert lediglich ein wenig Geduld. Grundsätzlich eignen sich jegliche Arten von Tomaten zum langsamen Trocknen im Backofen, meine Favoriten sind kleine Kirschtomaten, die man eigentlich das ganze Jahr über in guter Qualität erhält. Bereite ich diese Tomaten für Gäste zu, plane ich ihre Zubereitung gerne so, dass sie erst ganz kurz vor deren Ankunft aus der Röhre kommen – dann brauchen meine Gäste nur diesem wunderbaren Aroma folgen, um den Weg in die Küche zu finden. Serviert werden die Tomaten pur, zu Pasta oder mit Büffel-Mozzarella.

ERGIBT 1 BLECH VOLLER KIRSCHTOMATEN
ZUBEREITUNGSZEIT: 15 MINUTEN PLUS 4–6 STUNDEN TROCKNEN

500 g Kirschtomaten (oder auch andere Tomatensorten)
Olivenöl fürs Blech

Nach Gusto
grobes Meersalz
fein gehackter Knoblauch
frische Thymianblättchen

Backofen auf 90 °C (Umluft nicht empfehlenswert) vorheizen. Die Kirschtomaten waschen, trockentupfen und halbieren. Natürlich lassen sich auch reguläre Tomaten im Ofen trocknen, hier entfernt man nach dem Waschen den Stielansatz, bevor sie je nach Größe geviertelt oder gesechstelt werden. Manchmal wird empfohlen, die Kerne samt Saft ebenfalls zu entfernen – mir persönlich werden die Tomaten dann allerdings schnell zu trocken.

Ein Backblech (oder eine große Auflaufform) gut mit Olivenöl ausstreichen, darauf die Tomatenhälften mit der Schnittfläche nach oben verteilen. Nach persönlichem Geschmack mit Meersalz, Knoblauch und Thymian bestreuen, dabei aber nicht zu großzügig sein, denn beim langsamen Ofentrocknen verstärken sich die Aromen noch mal.

Blech (oder Form) auf der mittleren Schiene in den Ofen schieben und die Tomaten je nach Größe 4–6 Stunden trocknen lassen. Dabei immer wieder nach dem Rechten sehen, da die Gesamtdauer je nach Größe der verwendeten Tomaten und dem gewünschten Trocknungsgrad ziemlich variieren kann. Gleichzeitig eine gute Ausrede zum Probieren zwischendurch!

Tomaten aus dem Ofen nehmen, sobald sie die gewünschte Konsistenz erreicht haben, und servieren. Für ein paar Tage lassen sie sich aber auch im Kühlschrank aufbewahren, am besten in einem verschließbaren Behälter bedeckt mit bestem Olivenöl (das bekommt so nebenbei ein fruchtiges Tomatenaroma, welches toll zu Bruschetta oder einem Caprese-Salat passt).

ZITRONENPARMESANBUTTER-BAGUETTE

Ein warmes, herrlich knuspriges Baguette mit selbst gemachter Kräuterbutter, frisch aus dem Ofen (fettige Finger inklusive) – manche Sachen lassen sich einfach nicht mehr verbessern. Aber meine Variante ist zumindest ein ernst zu nehmender Konkurrent: Mag die Zitronenparmesanbutter auch optisch nicht von einer Kräuterbutter zu unterscheiden sein, der frische Zitrusgeschmack und die Chilischärfe sorgen für einen ordentlichen Kick.

ERGIBT 1 BAGUETTE
ZUBEREITUNGSZEIT: 30 MINUTEN
PLUS 5–15 MINUTEN BACKEN

Aufstrich
1/2–1 große grüne Chilischote
1 Schalotte
1 Knoblauchzehe (wer mag)
1/2 kleines Bund Schnittlauch
125 g weiche Butter
2 EL Olivenöl
1 Bio-Zitrone
1 Bio-Limette
40 g frisch geriebener Parmesan
feines Meersalz
frisch gemahlener scharzer Pfeffer

Basis
1 Baguette

Chilischote waschen, entstielen und entkernen. Die Schalotte und den Knoblauch (wer mag) schälen, den Schnittlauch waschen und trockenschütteln. Alles sehr fein hacken und mit Butter und Olivenöl in eine Schüssel geben, mit der Gabel vermengen.

Die Zitrone und Limette heiß waschen, die Schale fein abreiben (ohne das bittere Weiße) und zusammen mit dem Parmesan unter die Butter rühren. Zurückhaltend mit Salz und Pfeffer abschmecken, denn der Parmesan sorgt bereits für eine kräftige Würze.

Verwendet man die Zitronenparmesanbutter nicht sofort, dann bewahrt man sie im Kühlschrank auf – am besten in einem verschließbaren Gefäß, oder man formt sie zu einer Rolle und wickelt diese fest in Klarsichtfolie.

Daraus lässt sich dann auf zwei verschiedene Arten ein Zitronenparmesanbutter-Baguette zubereiten:

1. Knusprige Variante: Den Backofen auf 180 °C (Umluft 160 °C) vorheizen, den Grill zuschalten. Baguette in Scheiben schneiden, diese großzügig mit der weichen Butter bestreichen und auf ein Backblech legen. Im Ofen auf der obersten Schiene goldbraun und knusprig backen, dabei aber nicht zu dunkel werden lassen. Das dauert etwa 5 Minuten.
2. Weiche und saftige Variante: Den Backofen auf 200 °C (Umluft 180 °C) vorheizen. Das Baguette in gleichmäßigen Abständen einschneiden, als wolle man es in Scheiben teilen, dabei aber nicht durchtrennen. Die weiche Butter großzügig zwischen die einzelnen Scheiben streichen, etwaige Reste außen auf dem Brot verteilen. In Alufolie wickeln und im Ofen (Mitte) 15 Minuten backen.

BOQUERONES EN VINAGRETA

Wer zum ersten Mal eine Tapas-Bar in Spanien betritt, der mag sich vielleicht über den herumliegenden Abfall auf dem Boden wundern, dabei ist das ein positives Zeichen: Hier wird reichlich und gut gegessen – Servietten & Co. danach auf dem Boden zu entsorgen hat Tradition. Die besten Boquerones haben wir in einer solchen Tapas-Bar in Barcelona entdeckt und schnell den Entschluss gefasst, uns auch selbst am Rezept zu versuchen. Scheut man das aufwendige Ausnehmen der kleinen Fische nicht, wird man mit einer authentischen Tapa belohnt, die pur am besten zu etwas Weißbrot passt.

REICHT FüR 6 ALS APPETIZER
ZUBEREITUNGSZEIT: 45 MINUTEN
PLUS 30 MINUTEN DURCHZIEHEN
PLUS 24 STUNDEN MARINIEREN

500 g Sardellen
1 Zitrone
5 EL Sherry-Essig
5–6 Knoblauchzehen
1 große rote Chilischote
5 Stängel Petersilie
grobes Meersalz
frisch gemahlener schwarzer Pfeffer
Olivenöl zum Auffüllen

Die Sardellen unter fließendem kalten Wasser waschen und ausnehmen: Die Köpfe mit Zeigefinger und Daumen abzwicken und damit zugleich die Eingeweide herausziehen. Die Bauchseite mit Hilfe des Daumennagels einritzen. Den Bauch vollständig öffnen, die Mittelgräte herauslösen und zusammen mit dem Schwanz entfernen. Auf diese Weise erhält man zwei Filets, diese werden behutsam unter fließendem kalten Wasser abgespült, bevor man sie auf Küchenpapier kurz abtropfen lässt.

Filets in eine Schüssel schichten. Saft der Zitrone auspressen und mit dem Essig gleichmäßig über die Filets gießen. Etwa 30 Minuten durchziehen lassen, dabei ändern die Sardellen ihr Aussehen, das leicht roséfarbene Fleisch wird weiß. Dann die Filets ein letztes Mal abspülen und auf Küchenpapier abtropfen lassen.

Die Knoblauchzehen schälen, Chilischote waschen und entstielen, Petersilie abbrausen und trockenschütteln. Alles fein hacken und abwechselnd mit den Sardellenfilets in einen flachen Behälter oder eine Auflaufform schichten, dabei immer ein wenig Salz und Pfeffer darübergeben. Zum Schluss mit so viel Olivenöl auffüllen, bis alle Filets bedeckt sind, und abgedeckt für 24 Stunden im Kühlschrank marinieren lassen.

MINI-QUICHES

Quiches gehören zu meinen Lieblingsmitbringseln für jedes Picknick oder ein Brunch bei Freunden, sind sie doch praktisch zu transportieren und ihre Variationsmöglichkeiten vielfältig. Mini-Quiches setzen noch eins drauf, Teller und Messer werden überflüssig, weil sie das perfekte Fingerfood sind. Üblicherweise halte ich mich hierfür an keinerlei Rezept, sondern plündere einfach meine Vorräte: ein wenig Speck, klein geschnittenes Gemüse, frische Kräuter, ein Käserest – daraus lässt sich immer etwas Köstliches backen, und dank des fertigen Blätterteigs hält sich der Aufwand in Grenzen. Da meine Freunde inzwischen aber fast immer eine Einladung im gleichen Atemzug mit »Kannst Du vielleicht wieder die kleinen Quiches mit Apfel und Speck mitbringen?« aussprechen, habe ich dieses Rezept inzwischen doch fest in mein Repertoire aufgenommen.

ERGIBT 12 MINI-QUICHES
ZUBEREITUNGSZEIT: 25 MINUTEN
PLUS 20 MINUTEN BACKEN

2 rote Zwiebeln
8 Scheiben Pancetta
1 großer säuerlicher Apfel
3–4 Zweige Thymian
3 EL Butter
frisch gemahlener schwarzer Pfeffer
1 Ei (Größe L)
100 g Sahne
100 g Schmant oder Crème fraîche
Salz
frisch geriebene Muskatnuss
1 Lage Blätterteig (etwa 25 x 40 cm, aus dem Kühlregal)
etwa 100 g Gorgonzola dolce

Außerdem
Muffinblech mit 12 Mulden
etwa 1 cm breite Backpapierstreifen

Zwiebeln schälen, halbieren und ebenso wie den Pancetta in feine Streifen schneiden. Den Apfel vierteln, entkernen und schälen, dann feinblättrig aufschneiden. Thymian abbrausen, trockenschütteln und die Blättchen abzupfen. 2 EL Butter in einer Pfanne zerlassen. Pancetta, Zwiebeln und Apfel bei mittlerer Hitze darin anschwitzen, bis die Zwiebeln glasig sind. Mit Pfeffer und etwa der Hälfte des Thymians würzen, vom Herd nehmen. Ei mit Sahne und Schmant oder Crème fraîche in einer Schüssel verrühren, mit Salz, Pfeffer und Muskat würzen.

Den Backofen auf 180 °C (Umluft 160 °C) vorheizen. Ein Muffinblech mit der übrigen Butter einfetten. Um die Quiches nach dem Backen leichter aus der Form zu bekommen, legt man jede Vertiefung zusätzlich mit einem Backpapierstreifen aus.

Mit einem runden Ausstecher oder Glas 12 Kreise (etwa 9 cm Ø) aus dem Blätterteig ausstechen, mit den Fingern zu kleinen Schälchen formen und in die Mulden der Form setzen. Die Zwiebelmischung gleichmäßig auf dem Blätterteig verteilen und jeweils ein Stückchen Gorgonzola daraufsetzen. Die Eiersahne mit einem Esslöffel darübergeben, dabei nur bis 1 cm unter den Rand füllen, damit sie beim Aufgehen im Ofen nicht überläuft. Mit übrigem Thymian garnieren und auf der mittleren Schiene im Ofen in etwa 20 Minuten goldbraun backen. Aus dem Ofen nehmen, 5 Minuten abkühlen lassen, vorsichtig aus der Form lösen. Schmecken warm und kalt.

SCHARFE WAN TANS MIT PFLAUMEN-DIP

Es erfordert ein klein wenig Übung, diese Wan Tans zu formen ohne dabei ihre dünne Hülle zu verletzen, aber der Aufwand lohnt sich. Doch Vorsicht, die kleinen Leckerbissen haben es in sich – sie sind hot! Wer es gern weniger scharf mag, der reduziert einfach die angegebene Menge Chili und Ingwer ganz nach seinem Geschmack.

ERGIBT 30 WAN TANS
ZUBEREITUNGSZEIT: 1 STUNDE
PLUS 1 STUNDE MARINIEREN

Pflaumen-Dip

1 Stück frischer Ingwer (etwa 3 cm)
1 Knoblauchzehe
1/4–1/2 große rote Chilischote
6 große violette Pflaumen
2–3 EL Sherry-Essig
4 EL brauner Zucker
1 Prise Salz

Wan Tans

1 Stück frischer Ingwer (etwa 5 cm)
2 Knoblauchzehen
2 große rote Chilischoten
2 Frühlingszwiebeln
400 g Rindersteak (z. B. Lende)
1 TL Salz
1 EL Honig
2 EL Sesamöl
3 EL Austernsauce
30 tiefgekühlte Wan-Tan-Blätter (10 x 10 cm, aus dem Asia-Laden)
1 Eiweiß (Größe L)
Erdnussöl zum Frittieren

Für den Dip Ingwer und Knoblauch schälen, die Chili waschen und entstielen und alles zusammen fein hacken. Die Pflaumen vierteln, entkernen und schälen, dann klein schneiden. Alles mit den übrigen Zutaten und 100 ml Wasser in einen Topf geben und bei mittlerer Hitze zum Köcheln bringen. Sobald die Pflaumen weich gekocht sind (nach 10–15 Minuten), mit dem Stabmixer glatt pürieren. Ist die Konsistenz des Dips zu dickflüssig, mit etwas Wasser verdünnen und noch mal abschmecken, dann abkühlen lassen.

Für die Wan Tans den Ingwer und Knoblauch schälen, die Chilis waschen und entstielen. Die Frühlingszwiebeln waschen, putzen und die grünen Teile wegschneiden. Alles zusammen fein hacken – entweder von Hand oder im elektrischen Zerhacker – und in eine Schüssel geben. Fleisch in hauchdünne Streifen schneiden, in die Schüssel geben und alles gut vermischen. Salz, Honig, Sesamöl und die Austernsauce untermengen und die Füllung abgedeckt etwa 1 Stunde im Kühlschrank marinieren lassen.

In der Zwischenzeit die Wan-Tan-Blätter im Stapel unter einem feuchten Geschirrtuch auftauen lassen (so trocknen sie nicht aus und bleiben geschmeidig).

Dann nach und nach einzelne Teigblätter vorsichtig vom Stapel abziehen, die Ränder mit Eiweiß einpinseln und etwas Füllung in der Mitte platzieren. Nun alle vier Ecken des Teigblatts über der Füllung zusammennehmen und behutsam mit den Fingern zu kleinen Säckchen verschließen.

In einem Topf oder Wok mindestens 4 cm hoch Erdnussöl einfüllen und auf 180 °C erhitzen (steigen sofort Luftbläschen an einem eingetauchten Holzkochlöffelstiel auf, dann ist die Temperatur erreicht). Nicht zu viele Wan Tans auf einmal ins Öl geben und unter mehrfachem Wenden goldbraun frittieren. Auf reichlich Küchenpapier geben und das überschüssige Fett abtropfen lassen. Mit dem Pflaumen-Dip servieren.

CHAMPIGNON-CROSTINI

Dieses Rezept begleitet mich nun schon seit mehr als 15 Jahren und trotzdem sticht es regelmäßig aufwendig zubereitete Gerichte aus. Fast wäre es allerdings nichts geworden mit unserer lang andauernden Liason. Zwei ganze Backbleche davon hatte ich für eine viel zu große Party in meinem viel zu kleinen Studenten-Apartment vorbereitet und in Ermangelung von Abstellflächen kurzerhand in den Ofen bugsiert, was mir leider erst beim nächtlichen Aufräumen wieder einfiel. Doch die verbliebenen fleißigen Helfer freuten sich über den unverhofften Snack und nicht ein Krümel blieb übrig. Kommt das Baguette aber frisch geröstet auf den Tisch, schmeckt es noch mal unvergleichlich besser!

ERGIBT ETWA 12 CROSTINI
ZUBEREITUNGSZEIT: 20–30 MINUTEN

Topping
300 g Egerlinge oder Champignons
1–2 EL Butter oder Olivenöl
2 EL Marsala (wer mag)
2 EL Sahne
frisch geriebene Muskatnuss
feines Meersalz
frisch gemahlener schwarzer Pfeffer
2 Limetten oder 1 Zitrone
Schnittlauch zum Garnieren

Basis
1 Baguette
4 EL Butter oder Olivenöl

Für das Topping Pilze mit einem feuchten Tuch oder einer weichen Bürste säubern, Stielenden abschneiden. Die Pilze feinblättrig aufschneiden. Butter oder Olivenöl (je nach Vorliebe) bei mittlerer Hitze in einem Topf erhitzen und die Pilze zugeben, gelegentlich umrühren. Sobald die Pilze zusammengefallen sind – sie verlieren viel von ihrem ursprünglichen Volumen – mit dem Marsala und der Sahne ablöschen und mit Muskat, Salz und Pfeffer abschmecken. Leicht köcheln lassen, bis der größte Teil der Flüssigkeit verkocht ist (das dauert nur wenige Minuten).

In der Zwischenzeit Saft der Limetten oder der Zitrone auspressen. Den Schnittlauch waschen, trockenschütteln und in feine Röllchen schneiden. Das Baguette in daumendicke Scheiben schneiden. Die Butter oder das Olivenöl in einer Pfanne erhitzen und darin die Brotscheiben von beiden Seiten bei mittlerer Hitze goldbraun und knusprig anbraten, dann aus der Pfanne nehmen.

Die Baguettescheiben sofort üppig mit den heißen Pilzen belegen, großzügig mit Zitrussaft beträufeln, Pfeffer und den Schnittlauch darübergeben und noch warm servieren.

CHEZ FIGARO
Diners Spectacles Musicales
n° 6 Rue des ITALIENS, PARIS

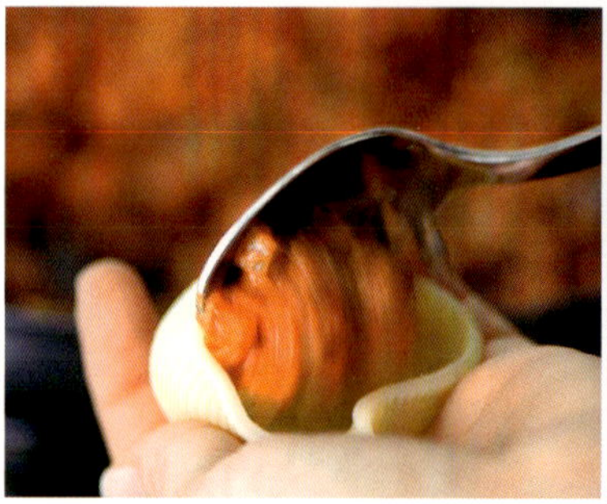

GRATINIERTE RATATOUILLE-MUSCHELN

Entdecke ich beim Einkaufen eine mir noch unbekannte Pasta-Form, dann kann ich leider nur sehr selten widerstehen – dementsprechend groß ist mein Pasta-Vorrat. Trotzdem schaffen es nur wenige dieser Sorten in mein Standard-Repertoire, das vor allem aus Penne, Casareccia, Linguine, Spaghetti, Pappardelle und Orecchiette besteht. Manchmal aber eröffnet eine spontan erstandene Nudelform ganz neue Möglichkeiten, so geschehen mit diesen Muscheln in der Größe einer Babyfaust. Bei der Füllung stand der Zufall Pate, ein Rest Ratatouille vom Vortag wartete auf seine Bestimmung. Dass daraus jedoch eine Freundschaft fürs Leben werden würde, wer hätte das gedacht? Gratiniert mit zweierlei italienischem Käse sind sie warm und kalt ein Genuss.

REICHT FüR 6–8 ALS VORSPEISE
ZUBEREITUNGSZEIT: 45 MINUTEN
PLUS 10–15 MINUTEN BACKEN

250 g Conchiglie (Nudeln in Muschelform)
Salz
1 rote Zwiebel
1 Knoblauchzehe
1 rote Chilischote
1 Aubergine
1 Zucchino
1 gelbe Paprikaschote
250 g Dosentomaten
3–4 Zweige Thymian
250 g Büffel-Mozzarella
3 EL Olivenöl (plus noch etwas mehr für die Form)
3 EL Tomatenmark
100 g Sahne
frisch gemahlener schwarzer Pfeffer
1 Prise Zucker
mittelscharfes, geräuchertes Paprikapulver (Pimentón de la Vera)
100 g Mascarpone

Für die Nudeln reichlich Salzwasser zum Kochen bringen. Die Conchiglie darin nach Packungsanleitung so lange garen, bis sie noch gut bissfest sind, dann abgießen und mit kaltem Wasser abschrecken, sonst kleben sie zusammen.

Während die Nudeln kochen, das Gemüse vorbereiten: Zwiebel und Knoblauch schälen, Chili waschen und entstielen, alles fein hacken. Aubergine, Zucchino und Paprikaschote waschen, putzen und in kleine Würfel schneiden. Die Dosentomaten grob zerkleinern, dabei falls nötig die Stielansätze entfernen. Und: Den Thymian abbrausen, trockenschütteln und die Blättchen abzupfen. Den Mozzarella in kleine Würfel schneiden.

Eine große Pfanne erhitzen, das Öl zugeben und die Zwiebel, den Knoblauch sowie die Chilischote darin kurz anschwitzen. Gemüsewürfel zugeben und etwa 10 Minuten bei mittlerer Hitze leicht anbraten. Tomatenmark unterrühren, kurz mitrösten, dann die Tomaten dazugeben und mit der Sahne ablöschen. Mit Salz und Pfeffer, Zucker, Paprikapulver und Thymian würzen, dann weitere 5 Minuten bei schwacher Hitze durchziehen lassen. Ratatouille-Gemüse vom Herd nehmen.

Den Backofen auf 200 °C (Umluft 180 °C) vorheizen und eine Auflaufform mit Olivenöl ausstreichen. Nun mit einem Teelöffel die Nudeln nach und nach mit dem Ratatouille-Gemüse füllen und jeweils etwas Mascarpone und Büffel-Mozzarella darübergeben. Dann die Nudeln dicht nebeneinander in die Form setzen, auf der mittleren Schiene in den Ofen schieben und so lange gratinieren, bis der Käse schön zerlaufen ist und erste goldbraune Flecken zeigt, das dauert etwa 10–15 Minuten.

CAFÉ SOLO

Während sie mit dem Lieferanten telefoniert, laufen hinter ihr zwei Espressi durch die fauchende Kaffeemaschine, und der Kuchenteig wird auch gerade gemixt: Multi-Tasking ist Kristins leichteste Übung.

Café Solo, Preysingstraße, München/Haidhausen

CAFÉ SOLO

Als wir im Sommer 2000 nach München zogen (Oliver hatte gerade seinen Job in den USA aufgegeben und ich die Zelte in Regensburg abgebrochen), war diese Stadt nur als Zwischenstation gedacht. Nach schier endloser Wohnungssuche und monatelanger Odyssee durch verschiedene Hotels war es dann endlich so weit, wir hatten eine neue Bleibe gefunden. Es hatte uns nach Haidhausen, auch das französische Viertel genannt, verschlagen.

Schnell fühlten wir uns heimisch. Haidhausen hat viele Gesichter, das historische Stadtteilbild lockt Szenegänger und junge Familien gleichermaßen. Lässt man sich an einem sonnigen Sommertag durch die Straßen treiben, laden zahlreiche Cafés und Biergärten zur Einkehr ein, beim Einkaufen hält man einen Plausch mit der Metzgersfrau, und möchte man abends ausgehen, fällt die Wahl schwer, zu lang ist die Liste der vertretenen Küchen, Restaurants und Bars. München mag seiner Einwohnerzahl nach eine Großstadt sein, trotzdem vermittelt einem Haidhausen ein Gefühl der Geborgenheit, schnell erliegt man seinem Charme.

»Hast Du schon gesehen, drüben, wo früher der chinesische Schnell-Imbiss war, da scheint jetzt wieder jemand einzuziehen!«, waren Olivers Worte.

Zu dem Zeitpunkt ahnten wir allerdings noch nicht, dass die anstehende Neueröffnung nicht nur eine Cafébar mit kulinarischen Köstlichkeiten werden würde, sondern so was wie unser zweites Wohnzimmer – neue Freunde inklusive.

Die darauffolgenden Wochen konnten wir im Vorbeigehen beobachten, wie aus dem ehemals unansehnlichen Imbiss eine sehr einladende Tagesbar wurde, man sah ein junges Pärchen mit Feuereifer streichen und schrubben, die freundlichen Farben und ein neues Logo machten nicht nur uns neugierig auf den Tag der Eröffnung.

Heute, vier Jahre später, ist Café Solo zu einer Institution in Haidhausen geworden. Kristin betreibt die Cafébar mittlerweile in Eigenregie, ihr Freund Harry hilft aus, wenn Not am Mann ist.

Gäbe es den Ausdruck »Powerfrau« nicht schon, für Kristin müsste er neu erfunden werden.

Sie managt nicht nur Einkauf, Buchhaltung und das Tagesgeschäft mit Leidenschaft, die Mutter von drei aufgeweckten Kindern bäckt auch ihre unwiderstehlichen Kuchen und Quiches alle selbst – an sechs Tagen in der Woche! Und obwohl sie jedem Barista hinter der Kaffeemaschine Konkurrenz machen könnte, hat das Café Solo mit den typischen Coffeeshop-Ketten nicht viel gemeinsam.

Kristin weiß, welcher Gast seinen Cortado mit Zucker trinkt, wer seinen Apfelkuchen immer mit Sahne isst, oder dass ich keinen rosa Pfeffer überm Salat mag.

Sie hat ein offenes Ohr für die großen und kleinen Wehwehchen ihrer Gäste und ein unglaubliches Gespür dafür, wer einen guten Tag hatte oder Aufheiterung vertragen kann. Dabei hat sie selbst Nerven wie Drahtseile: Eine Krabbelgruppe mit Babys, durch den Laden tollende Hunde oder eine Armada Geschäftsleute können sie nicht schrecken.

»Die bäckst Du aber nicht selber, oder?«, fragen neue Gäste immer ganz erstaunt nach dem ersten Bissen von Kristins Quiche oder Kuchen, ernten aber meist nur ein verschmitztes Grinsen von der Chefin. Dafür hält sie mir eine neue Kreation zum Probieren unter die Nase. Umgekehrt funktioniert das mindestens ebenso gut: Mein Schokokuchen hat einen Stammplatz auf ihrer Kuchentheke, wir tauschen ständig Rezepte aus. Trotzdem sind es fast immer bekannte Klassiker wie Käse-, Apfel- und Schokoladenkuchen, die weggehen wie die sprichwörtlichen warmen Semmeln. Eins haben aber alle ihre Rezepte gemeinsam: Sie müssen sich schnell und unkompliziert zubereiten lassen und geschmacklich ein Volltreffer sein.

KRISTINS
BUNTE GEMÜSE-QUICHE

Gerade bei den Gästen, die nur für ein schnelles Business-Lunch ins Café Solo reinschauen, stehen Kristins Quiches hoch im Kurs. An manchen Tagen muss sie gleich zweimal für Nachschub sorgen. Serviert mit einem knackigen Salat sind sie ein leichtes und gesundes Mittagessen oder etwas für zwischendurch. Damit es auch den vielen Stammgästen nicht langweilig wird, variiert Kristin die Füllungen und mischt gerne Gemüse darunter, das gerade Saison hat. Die Lieblingsvarianten ihrer Gäste? Grüner-Spargel-Karotten-Paprika-Zucchini sowie Kirschtomaten-Spinat-Birne-Schafskäse.

ZUTATEN

Teig: 125 g eiskalte Butter (plus etwas mehr für die Form) | 125 g Quark (40 % Fett) | 1/2 TL Salz | 200 g Mehl (plus etwas mehr für die Form und zum Kneten) | 3 EL Semmelbrösel

Füllung: etwa 800 g geputztes Gemüse (z.B. Spinat, Spargel, Karotten, Zucchini und Zwiebeln) | 2 EL Olivenöl | 2 EL frisch gehackte Kräuter | Salz | frisch gemahlener Pfeffer
Guss: 200 g Schmant oder Crème fraîche | 2 EL Mehl | 50 g geriebener Käse (z.B. Gouda) | 6 Eier (Größe L) | Salz | frisch gemahlener Pfeffer

ZUBEREITUNG

Für den Teig Butter würfeln und mit Quark, Salz und Mehl in eine Schüssel geben. Per Hand oder mit der Küchenmaschine zügig zum Teig verarbeiten, dabei nicht länger kneten als notwendig. In Folie wickeln und 30 Minuten kühlen.

Für die Füllung Gemüse klein schneiden und im Öl bei mittlerer Hitze halb gar dünsten (probieren!), die Kräuter zugeben und mit Salz und Pfeffer abschmecken. Zur Seite stellen und abkühlen lassen. Für den Guss Schmant oder Crème fraîche und das Mehl verrühren, Käse und Eier untermengen und mit Salz und Pfeffer würzen.

Backofen auf 190 °C (Umluft 170 °C) vorheizen. Eine Springform (26 cm Ø) mit Butter ausstreichen und mit Mehl bestäuben. Teig ausrollen und die Form gleichmäßig damit auskleiden (4 cm Rand). Boden mehrmals mit einer Gabel einstechen und mit Brösel bestreuen. Nun Gemüse unter die Eiermischung mengen, in die Form geben. Im Ofen auf der zweiten Schiene von unten 35–40 Minuten backen, bis der Rand eine goldbraune Farbe hat und die Füllung vereinzelte braune Flecken aufweist, dann ist die Quiche fertig. Wird sie schnell zu dunkel, deckt man sie mit etwas Backpapier ab. Schmeckt warm oder kalt mit frischem Salat.

KÄSEKUCHEN À LA CAFÉ SOLO

Einen guten Käsekuchen in München zu finden, ist gar nicht so einfach, sehr oft sind sie ganz schön trocken oder schlichtweg zu süß. Deshalb war ich umso überraschter, als Kristin mir den Neuzugang in ihrer Kuchentheke vorstellte.

Besonders sympathisch war mir die Tatsache, dass sie dafür keinen Magerquark verwendete, sondern richtigen Topfen – und so schmeckt der Kuchen auch: Wundervoll cremig, leicht säuerlich, einfach zum Verlieben!

Die darauffolgende Woche erkor ich zur persönlichen Käsekuchen-Woche, von Montag bis Freitag stattete ich Kristin täglich einen Besuch ab, um mir meine individuelle Tagesration vom Kuchen zu sichern. Gott sei Dank hatte sie ein Einsehen und schenkte mir ihr Rezept!

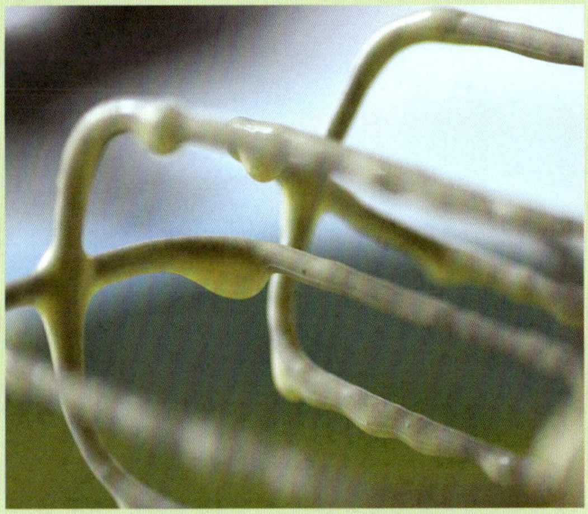

ZUTATEN

Teig: 125 g weiche Butter (plus etwas mehr für die Form) | 1 zimmerwarmes Ei (Größe S) | 60 g Zucker | 200 g Mehl (plus 2 EL zum Kneten)
Füllung: 750 g Topfen (40 % Fett, ersatzweise einfach Quark) | knapp 5 EL Vanillepuddingpulver (zum Kochen) | 120 g Zucker | Saft von 1 Zitrone | 5 Eier (Größe L) | 125 g zerlassene Butter | Mark von 1/2 Vanilleschote (wer mag)

ZUBEREITUNG

Backofen auf 175 °C (Umluft 160 °C) vorheizen. Eine Springform (26 cm Ø) mit Butter auspinseln.

Die Zutaten für den Teig in eine Schüssel geben und erst mit den Knethaken des Handrührers vermengen, dann auf der bemehlten Arbeitsfläche von Hand zu einer Kugel kneten. Der Teig ist so weich, dass man ihn jetzt nicht ausrollen muss, sondern ganz praktisch mit den Fingern direkt in die Form drückt. Dabei zieht man einen gleichmäßigen Rand von 3–4 cm hoch und sticht zum Schluss den Boden noch ein paar Mal mit einer Gabel ein.

Jetzt die Zutaten für die Füllung in einer großen Schüssel mit den Schneebesen des Handrührers gut verrühren und auf den Teigboden gießen.

Den Kuchen im Ofen auf der zweiten Schiene von unten etwa 45 Minuten backen. Der Mürbeteigrand sollte goldbraun sein, und die Füllung sollte sich auf Fingerdruck schon relativ fest anfühlen. Aus dem Ofen nehmen und in der Form vollständig abkühlen lassen.

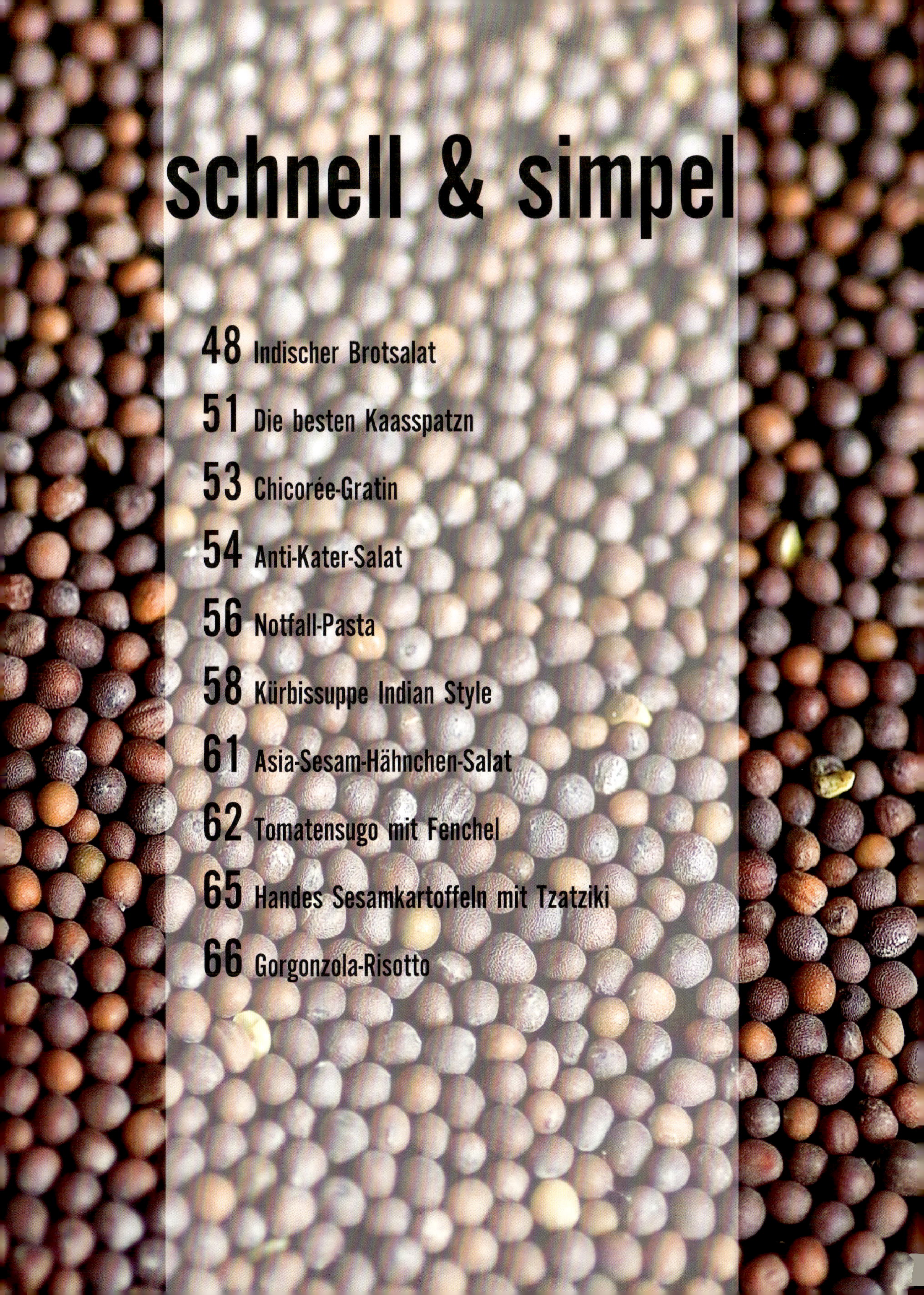

schnell & simpel

INDISCHER BROTSALAT

Dann und wann hat man beim Kochen eines dieser Aha-Erlebnisse. Man verwendet Zutaten in einer Kombination, die einem neu ist, und im selben Augenblick fragt man sich, warum einem nicht schon früher diese fantastische Idee gekommen ist. So geschehen bei diesem Salat. Im Original handelt es sich um ein Rezept von Tanja Dusy, ihres Zeichens erfolgreiche Kochbuchautorin und Fachfrau rund um die indische Küche. Bei diesem Rezept sind der Clou die knusprigen Brotwürfel, die schon beim Rösten in Kreuzkümmel und Garam Masala ein unbeschreibliches Fern-Ost-Aroma in der Küche verströmen. Mein Lieblingssalat zum Sattessen.

REICHT FüR 4
ZUBEREITUNGSZEIT: 30 MINUTEN

300 g Kirschtomaten
1 Salatgurke
1 rote Zwiebel
1 große rote Chilischote
1 Dose Kichererbsen (240 g Abtropfgewicht)
6 EL Rapsöl (ersatzweise ein anderes Pflanzenöl)
2 EL Weißweinessig
1/2 TL Zucker
Salz
frisch gemahlener schwarzer Pfeffer
1/4 Bund Koriandergrün
1/4 Bund Minze
200 g Fladenbrot
5 EL Ghee (indisches »Butterschmalz«, ersatzweise normales Butterschmalz)
1 EL Kreuzkümmelsamen
1 EL Garam Masala (indische Gewürzmischung)
4 EL griechischer Jogurt (wer mag)

Die Kirschtomaten waschen und vierteln. Die Gurke waschen und quer in zwei Hälften schneiden, jede Hälfte der Länge nach noch mal halbieren und die Kerne mit einem Teelöffel herauskratzen. Jedes Gurkenviertel längs in vier gleich große Spalten schneiden, diese dann in fingerdicke Stücke. Zwiebel schälen und fein würfeln. Die Chilischote waschen, entstielen und fein hacken. Kichererbsen in ein Sieb abgießen und mit kaltem Wasser abbrausen, abtropfen lassen. Dann all diese Zutaten in einer Schüssel vermengen.

Für das Dressing Rapsöl, Weißweinessig, Zucker, Salz und Pfeffer verrühren. Die Kräuter abbrausen, trockenschütteln, fein hacken und unterrühren. Das Dressing unter den Salat mischen und abgedeckt etwa 20 Minuten durchziehen lassen (wenn man Hunger hat, reichen aber auch 5 Minuten völlig aus).

Inzwischen das Fladenbrot in daumendicke Würfel schneiden. Das Ghee in einer Pfanne erhitzen. Den Kreuzkümmel im Mörser fein mahlen und mit dem Garam Masala in die Pfanne geben. Nun die Brotwürfel dazugeben und bei mittlerer Hitze unter Rühren gleichmäßig anrösten, bis sie goldbraun und knusprig sind.

Den Salat auf vier Schälchen verteilen und mit den Brotwürfeln anrichten. Wer mag, gibt jeweils noch einen Klacks von dem griechischen Joghurt dazu (ist zwar nicht unbedingt typisch indisch, passt aber hervorragend).

DIE BESTEN KAASSPATZN, an die ich mich erinnern kann, hab ich vor vielen Jahren auf einer Skihütte im Salzburger Land gegessen. Die dicken Knöpfle dampften verheißungsvoll aus einem schweren Eisenpfännchen, waren begraben unter einem Berg goldbrauner Röstzwiebeln und mit jeder Gabel, die ich aufspießte, zogen sich Käsefäden, dass es eine helle Freude war. Natürlich ist jedes Essen, das man mit einem Bärenhunger und – zumindest in meinem Fall – mit kalten Füßen auf einer Skihütte vorgesetzt bekommt, in diesem Augenblick wahrscheinlich das Beste, was man sich grade vorstellen kann, trotzdem hat mich diese Erinnerung lange begleitet. Diese Spatzn selbst zu machen, konnte doch nicht so schwer sein, oder?

REICHT FüR 4
ZUBEREITUNGSZEIT: 45 MINUTEN

Spatzn
500 g Mehl
10 Eier (Größe M)
2 Eigelb (Größe M)
Salz
50 g Butter
150–200 g frisch geriebener Käse (Bergkäse, Emmentaler oder Appenzeller)

Finish
3 große Zwiebeln
1 EL Mehl
1/2 TL Salz
100 g Butter
1 kleines Bund Schnittlauch

Außerdem
Spätzlehobel

Für die Spatzn Mehl, Eier, Eigelbe, Salz und 3 EL Wasser mit dem Holzkochlöffel in einer großen Schüssel (oder Küchenmaschine und Knethaken nehmen) kräftig mindestens 5 Minuten verschlagen, bis der Teig Blasen wirft und keinerlei Klümpchen hat. Wenn nötig, esslöffelweise mehr Wasser dazugeben, der Teig soll schwer vom Löffel fallen. Und der Teig sollte leicht salzig schmecken, das verliert sich nach dem Kochen wieder. 15 Minuten ruhen lassen.

Inzwischen fürs Finish Zwiebeln schälen, in feine Ringe schneiden und mit Mehl und Salz bestäuben. Butter in einer großen Pfanne aufschäumen lassen und die Ringe bei niedriger bis mittlerer Hitze langsam goldbraun rösten, aber nicht zu dunkel werden lassen (schmecken sonst bitter). Auf Küchenpapier abtropfen lassen. Den Schnittlauch waschen, trockenschütteln, in Röllchen schneiden.

Einen großen Topf mit Wasser zum Kochen bringen, das Wasser ordentlich salzen. Dann die Hitze reduzieren, bis das Wasser nur mehr leicht köchelt. Teig nach und nach mit einem Spätzlehobel ins Wasser reiben und die Spatzn kurz ziehen lassen, bis sie an der Oberfläche schwimmen. Dann mit einem Schaumlöffel herausnehmen, in ein Sieb geben, kalt abbrausen (verhindert das Zusammenkleben).

Wenn der Teig aufgebraucht ist, das Kochwasser über die Spatzn gießen (erwärmt sie noch mal). Den Topf wieder zurück auf den Herd stellen und bei mittlerer Hitze die Butter schmelzen, abgetropfte Spatzn zugeben. Käse (am besten schmeckt eine Mischung aus verschiedenen Sorten) so lange unterrühren, bis er schmilzt und Fäden zieht. Kaasspatzn mit den Röstzwiebeln und dem Schnittlauch servieren. Perfekt dazu: eine große Schüssel grüner Salat.

(Wer aufs Überbacken nicht verzichten will, schichtet die fertigen Spatzn mit dem Käse in eine gebutterte Auflaufform und bäckt sie im 200 °C heißen Ofen (Umluft 180 °C) etwa 10–15 Minuten.)

CHICORÉE-GRATIN

Manchmal bedarf es einfach nur eines guten Rezepts und einer neuen Zubereitungsart und schon sind alle Aversionen gegen eine bestimmte Zutat Geschichte. Nicht, dass ich es nicht versucht hätte – jahrelang wanderten immer wieder Chicorées in meinen Einkaufskorb. Die Vorstellung, dass diese Salatstauden in kürzester Zeit zu putzen sind, war doch zu verlockend. Trotzdem konnte Chicorée im Salat mich nie richtig begeistern, sein Geschmack war mir einfach zu bitter.

Aber Chicorée als Gratin? Als hätte er seine unansehnliche Arbeitsmontur abgelegt und sich in einen richtig noblen Frack geschmissen! Der Pancetta verpasst ihm eine würzige Note, grob zerbröseltes Weißbrot und Parmesan sorgen für eine knusprige Haube. So lässt sich jeder gerne zum Chicorée-Fan bekehren.

REICHT FüR 4
ZUBEREITUNGSZEIT: 15 MINUTEN
PLUS 15–25 MINUTEN GRATINIEREN

- Olivenöl zum Einspinseln und Beträufeln
- 8 kleine Chicorée-Stauden
- 3–4 EL Zucker
- grobes Meersalz
- frisch gemahlener schwarzer Pfeffer
- 100 g Butter
- 100 g Pancetta (ein anderer Speck ist aber genauso fein)
- 100 g Weißbrot (vom Vortag)
- 50 g frisch geriebener Parmesan
- 2–3 EL Pinienkerne (wer mag)
- 3 Zweige Thymian

Den Backofen auf 180 °C (Umluft 160 °C) vorheizen und eine große Auflaufform oder ein Backblech mit Olivenöl einpinseln.

Äußere und welke Blätter des Chicorées entfernen, die Stauden falls nötig waschen, dann der Länge nach in zwei Hälften schneiden. Mit den Schnittflächen nach oben in die Auflaufform oder auf das Blech setzen. Mit dem Zucker, 1 Prise Salz und Pfeffer bestreuen und mit der Butter in Flöckchen belegen. Den Pancetta in dünne Streifen schneiden und ebenfalls über dem Chicorée verteilen. Dann alles auf der mittleren Schiene für 10–15 Minuten in den Ofen geben, bis der Speck bereits ein wenig knusprig aussieht.

Inzwischen das Weißbrot in der Küchenmaschine zu groben Bröseln zerkleinern (oder mit einem Messer ganz klein schneiden) und mit dem Parmesan und den Pinienkernen (wer mag) vermischen. Den Thymian abbrausen, trockenschütteln und die Blättchen von den Zweigen streifen.

Chicorée aus dem Ofen nehmen und die Temperatur auf 200 °C (Umluft 180 °C) erhöhen. Die Parmesanbrösel großzügig über den Chicorée-Hälften verteilen, mit Thymianblättchen bestreuen und mit ein paar Spritzern Olivenöl beträufeln. Weitere 5–10 Minuten im Ofen überbacken. (Ich schalte üblicherweise den Grill dazu, damit das Gratin eine schöne Farbe erhält. Allerdings sollte man dann auch ständig ein Auge drauf haben, damit es nicht zu dunkel wird.) Pur oder zu Salzkartoffeln genießen.

ANTI-KATER-SALAT

Mag die Party auch extraklasse gewesen sein, wenn man am nächsten Morgen mit einem dicken Kopf aufwacht, weiß man schnell, das ein oder andere Glas hätte vielleicht doch nicht sein müssen. Hallo Kater! Mich lässt meist dann auch noch mein Appetit im Stich. Dabei kann das richtige Essen helfen, die eigenen Lebensgeister schneller wieder in Schwung zu bringen. Aber wer hat schon wirklich Lust auf rohe Eier und Rollmops?

Dieser Heringssalat allerdings ist im Handumdrehen zubereitet – mit Kater lange in der Küche stehen macht nämlich wirklich keinen großen Spaß – und führt dem Körper jetzt besonders wichtige Mineralstoffe und Eiweiße zu. Das Originalrezept stammt von Petra Holzapfel, einer befreundeten Foodbloggerin aus dem Bayerischen Wald. Ihr Blog »Chili und Ciabatta« (www.peho.typepad.com) ist für mich regelmäßige Anlaufstelle zum Appetitholen, ihre Rezepte sind kreativ und bodenständig zugleich, nicht wenige haben sogar das echte Zeug zum Lieblingsrezept. Wie dieser Anti-Kater-Salat (der übrigens auch ganz ohne Kater schmeckt).

REICHT FüR 4
ZUBEREITUNGSZEIT: 20 MINUTEN
PLUS 1 STUNDE MARINIEREN

- 3–4 Stängel Dill
- 200 g Schmant oder Crème fraîche
- 100 g Sahne
- 1 EL Zitronensaft
- 1/2 TL Zucker
- Salz
- frisch gemahlener schwarzer Pfeffer
- frisch geriebene Muskatnuss
- 1 große rote Zwiebel
- 100 g Cornichons (Essiggürkchen)
- 2 säuerliche Äpfel (z.B. Granny Smith)
- 400 g Bismarckheringe

Für die Salatcreme den Dill abbrausen, trockenschütteln und die Spitzen fein hacken. Mit Schmant oder Crème fraîche und der Sahne in einer großen Schüssel verrühren. Mit Zitronensaft, Zucker, Salz, Pfeffer und Muskat kräftig abschmecken.

Die Zwiebel schälen und fein würfeln, die Gürkchen in Scheiben schneiden. Die Äpfel vierteln, entkernen und schälen, dann feinblättrig aufschneiden. Die Bismarckheringe der Länge nach teilen und in fingerdicke Streifen schneiden.

Zwiebel, Gürkchen, Äpfel und Bismarckheringe unter die Salatcreme mischen und abgedeckt im Kühlschrank etwa 1 Stunde marinieren lassen. Passt auch gut zu gekochten Kartoffeln.

NOTFALL-PASTA

Die Fensterbank in unserer Küche ist für ihre geringe Größe ungemein funktionell. Rechts und links an den Wänden lehnen bald ein Dutzend verschiedene Holz- und Kunststoff-Schneidebretter in allen Größen und Farben, den restlichen Platz teilen sich ein Wasserkocher, ein Standmixer, verschiedene Kräutertöpfchen – mal mehr, mal weniger frisch aussehend – und zwei meist randvoll gefüllte Obstkörbe. Zwei? Schuld daran ist meine Schwäche für frische Zitronen und Limetten, die in meiner Küche einfach unverzichtbar sind. Manchmal ist mein Vorrat so groß, dass wir aus dem Stegreif eine Caipirinha-Party feiern könnten. Dabei lassen sich viele Gerichte mit Zitrusfrüchten verfeinern. Optimal sind unbehandelte Bio-Früchte, da man dann die Schale bedenkenlos mitverwenden kann.

Wenn ich die Limetten nicht zum Abschmecken einzelner Gerichte oder für selbst gemachte Limonade (siehe Seite 194) verwende, dann ist die Chance groß, dass sie für meine Notfall-Pasta herhalten müssen. Oder anders ausgedrückt: Ich habe gerade nicht viel Zeit oder Muße zum Kochen, aber Lust auf einen großen Teller dampfender Pasta. So einfach, so gut ...

REICHT FüR 2 (UND NICHT FüR 4, WEIL MAN NOTFALL-PASTA NUR FüR SICH MACHT, NICHT FüR GäSTE)
ZUBEREITUNGSZEIT: 15 MINUTEN

250 g Spaghetti
Salz
2 Bio-Limetten

Nach Gusto
frisch gemahlene, getrocknete Chilischoten
frisch gemahlener schwarzer Pfeffer
richtig gutes Olivenöl
frisch geriebener Parmesan

Für die Spaghetti einen großen Topf mit reichlich Wasser aufsetzen und zum Kochen bringen. Dann das Wasser großzügig salzen und die Nudeln darin gemäß der Packungsanweisung bissfest kochen. Anschließend in ein Sieb abgießen und dabei etwas Nudelwasser auffangen. Die Pasta zurück in den Topf geben.

Die Limetten heiß waschen und die Limettenschale direkt über der Pasta fein abreiben. 1 Limette halbieren, auspressen und den Saft ebenfalls zu den Nudeln geben. Nach Gusto mit Chili und Pfeffer würzen, ein wenig vom zurückbehaltenen Nudelwasser und reichlich Olivenöl darübergeben, dann den Topf ordentlich schwenken oder die Nudeln mit einem Kochlöffel durchrühren. Sie sollten ganz gleichmäßig von der Sauce und den Gewürzen überzogen sein und seidig glänzen.

Anstelle von Salz wird die Pasta nun noch mit einer großzügigen Menge frisch geriebenem Parmesan gewürzt. Sofort genießen!

KÜRBISSUPPE INDIAN STYLE

Ist das Wetter draußen kalt und stürmisch, dann kann ich gar nicht anders, ich träume von einer großen Schüssel mit heißer Suppe. Ob als Seelentröster oder Magenwärmer – sie kann jedem verregneten Tag zu einem versöhnlichen Ausklang verhelfen. Mit ganz oben auf meiner Liste steht dabei diese samtige Kürbissuppe, deren Geschmack ein wenig an ein indisches Curry erinnert. Mit seinem feinen, nussigen Aroma ist mir der Butternutkürbis zwar der Liebste von allen, ein Hokkaido- oder Muskatkürbis eignet sich aber ebenso gut für dieses schnelle Rezept.

REICHT FüR 4
ZUBEREITUNGSZEIT: 30 MINUTEN

1 Stück Kürbis (z.B. Butternutkürbis, etwa 600 g)
1 Zwiebel
1 Knoblauchzehe
1 Stück frischer Ingwer (etwa 2 cm)
2 EL Ghee (indisches »Butterschmalz«, ersatzweise normales Butterschmalz)
2–3 TL Currypaste (z.B. indische Garam-Masala-Paste)
400 ml Kokosmilch
600 ml Gemüsebrühe
feines Meersalz
2 EL braune Senfkörner

Den Kürbis zunächst in Spalten schneiden und die Kerne entfernen, dann erst schälen – so geht es am leichtesten. Wem das Schälen zu viel Arbeit ist, der wählt einfach eine Kürbissorte, die nicht geschält werden muss (beispielsweise der Hokkaido). Das Kürbisfleisch in grobe Würfel schneiden.

Die Zwiebel und die Knoblauchzehe schälen und fein würfeln. Den Ingwer schälen und fein hacken (oder reiben). Ghee bei mittlerer Hitze in einem großen Topf zerlassen. Darin Zwiebel und Knoblauch glasig werden lassen, dann die Kürbiswürfel mit in den Topf geben. Ingwer und Currypaste untermischen und kurz anrösten, bis einen deren Aroma in der Nase kitzelt.

Mit Kokosmilch und Gemüsebrühe aufgießen und etwa 15 Minuten köcheln lassen, bis sich die Kürbisstücke leicht mit einer Gabel zerdrücken lassen. Die Suppe mit dem Stabmixer glatt pürieren und mit Salz abschmecken.

Die Senfkörner ohne Fett in einer Pfanne anrösten, bis sie anfangen zu knistern, dann auf die fertige Kürbissuppe geben. Am besten mit Fladenbrot und Sauerrahm servieren.

ASIA-SESAM-HÄHNCHEN-SALAT Wie viele der Altbauten in Haidhausen hat unser Haus einen kleinen, ruhigen Hinterhof, der fast das ganze Jahr nur zum Fahrradabstellplatz degradiert ist. Aber für ein Sommerwochenende wird er ausgeräumt und herausgeputzt. Wir feiern Hausfest! An diesem Wochenende kommen alle Bewohner zusammen, um zu schlemmen, und jeder steuert ein, zwei selbst gemachte Köstlichkeiten aus der eigenen Küche bei: Martina und Ruth sind berühmt für ihre Kuchen, Gittis kalte Apfelsuppe mit Chili und Minze brachte zuletzt alle ins Schwärmen, und die Herren der Schöpfung managen den Grill. Dazwischen wird der neueste Nachbarschaftsklatsch ausgetauscht und natürlich viel gelacht. Eine lieb gewonnene Tradition, die ich nicht mehr missen möchte. Auch wenn unsere Nachbarn gerne Versuchskaninchen für neue Rezepte spielen, dieser asiatisch angehauchte Salat ist so beliebt, dass ich nicht umhin komme, ihn wieder und wieder mitzubringen.

REICHT FüR 4
ZUBEREITUNGSZEIT: 40 MINUTEN

500 g Hähnchenbrustfilet
Salz
1 Salatgurke
1/2 große rote Chilischote
3 EL Erdnussöl
1–2 TL Szechuanpfeffer
5 EL Sesamsamen
1 Knoblauchzehe
4 EL Kejap Manis (indonesische süße Sojasauce)
4 EL Sesamöl (plus noch etwas mehr zum Beträufeln)
100 g getrocknete, japanische Nudeln (z.B. Somen oder Soba)

Hähnchenbrust waschen und in einen Topf mit leicht gesalzenem Wasser legen. Zum Kochen bringen, die Hitze reduzieren und das Filet im leicht simmernden Wasser 10–15 Minuten gar ziehen lassen (zum Test anschneiden, ob es vollständig durchgegart ist). Filet aus dem Wasser nehmen, in Folie wickeln und etwas abkühlen lassen.

Gurke waschen, längs halbieren und mit einem Teelöffel die Kerne entfernen. Gurke quer in dünne Scheiben schneiden. Chili waschen, entstielen und in feine Ringe schneiden. Erdnussöl mit Chili und Szechuanpfeffer in einer Pfanne erhitzen, bis der Pfeffer aromatisch duftet. Gurke zugeben und ein wenig salzen. Etwa 5 Minuten bei mittlerer Hitze garen, aus der Pfanne nehmen und abkühlen lassen.

Sesam kurz in einer Pfanne trocken rösten, bis er anfängt zu glänzen. Knoblauch schälen und mit 4 EL Sesam im Mörser fein zerstoßen. Den restlichen Sesam, Kejap Manis, Sesamöl und etwa 5 EL Wasser zugeben und verrühren. Gegartes Hähnchenfleisch in kleine Stücke zupfen, unter die Sauce mischen und kurz durchziehen lassen.

Nudeln nach Packungsanweisung kochen, in ein Sieb abgießen und mit kaltem Wasser abbrausen. Mit der Gurke vermengen, in Schälchen geben und das marinierte Hähnchenfleisch darüber verteilen. Nach Belieben noch mit ein wenig Sesamöl beträufeln.

TOMATENSUGO MIT FENCHEL

Man sollte glauben, etwas so einfaches wie eine Tomatensauce zur Pasta wäre leicht aus dem Ärmel zu schütteln. Doch hier stellen sich für manchen Koch elementare Fragen: mit Butter oder doch besser Olivenöl, frische Tomaten oder die aus der Dose, etwas Zucker, viele Kräuter, aromatischen Knoblauch, buntes Gemüse oder doch ganz simpel? Meiner Meinung nach gibt es sie nicht, die einzig wahre Variante. Je nachdem, was mein Regal hergibt und wonach mir der Sinn steht, entscheide ich meist spontan, was in die Pfanne wandert. Lediglich bei den Tomaten gibt es kein Pardon, aus frischen, aber wässrigen Tomaten lässt sich auch mit den allerbesten Vorsätzen keine fruchtige Sauce zaubern, dann sind erstklassige Dosentomaten (die besten Pomodori pelati kommen aus San Marzano) immer noch die bessere Wahl.

REICHT FüR 4
ZUBEREITUNGSZEIT: 30 MINUTEN

- 1 große Zwiebel
- 2 Knoblauchzehen
- 1 große rote Chilischote
- 300 g Fenchel (unbedingt samt dem satten Grün)
- 800 g Dosentomaten (mit Saft)
- 3 EL Olivenöl
- 150 ml Wodka
- 100 g Sahne
- 1 EL Zucker
- feines Meersalz
- frisch gemahlener schwarzer Pfeffer
- 500 g Nudeln (z.B. Penne oder Rigatoni)
- 150 g Kirschtomaten

Die Zwiebel und den Knoblauch schälen, fein würfeln. Chilischote waschen, entstielen und fein hacken. (Wer mag, entfernt vorher noch die besonders scharfen Kerne und Scheidewände. Die Finger anschließend gut waschen!) Den Fenchel waschen und putzen, das Grün abschneiden und zur späteren Verwendung beiseitelegen. Den Fenchel längs vierteln und quer in dünne Scheiben schneiden. Die Dosentomaten in ein Sieb gießen, Saft auffangen. Die Tomaten grob zerkleinern, dabei falls nötig gleich die Stielansätze entfernen.

Olivenöl in einer großen Pfanne erhitzen. Zwiebel und Knoblauch bei mittlerer Hitze darin anschwitzen. Chili und Fenchelscheiben dazugeben und etwa 5 Minuten mit andünsten, dabei sollte das Gemüse in der Pfanne keine Farbe annehmen. Mit dem Wodka ablöschen, Dosentomaten samt ihrem Saft sowie die Sahne untermengen. Mit Zucker, Salz und Pfeffer würzen. Sugo leicht köchelnd etwa 20 Minuten einreduzieren lassen.

Inzwischen einen großen Topf mit reichlich Wasser für die Pasta aufsetzen und zum Kochen bringen. Das Wasser großzügig salzen und die Nudeln gemäß Packungsangabe bissfest kochen. Kirschtomaten waschen, vierteln und die letzten 1–2 Minuten noch im Sugo mitköcheln lassen.

Das beiseitegelegte Fenchelgrün fein hacken (es sollen etwa 4 EL werden), die Hälfte davon unter die Sauce rühren. Nudeln abgießen und mit der Sauce vermengen. Mit dem restlichen Fenchelgrün bestreut servieren.

HANDES SESAMKARTOFFELN MIT TZATZIKI

Meine Freundin Hande ist, was das Thema Kochen und Essen anbelangt, ein echtes Phänomen. Weit gereist, viel belesen und mit einer gesunden Portion Neugierde ausgestattet, gibt es fast nichts, was sie nicht kennt oder noch nicht probiert hat. Von ihren Reisen bringt sie uns gerne neu entdeckte Gewürze mit, manchmal liefert sie das passende Rezept gleich dazu – so wie in diesem Fall. Nur leider ist das kleine Gläschen mit der Gewürzmischung aus Granada mittlerweile aufgebraucht, Grund genug für mich, eine abgespeckte Version selbst zu mischen.

Die Sesamkartoffeln sind nicht nur als Beilage zu gebratenem Fleisch ein Genuss, ich serviere sie auch gerne als schnell zubereitetes Alltagsessen zusammen mit einer großen Schüssel Tzatziki.

REICHT FüR 4
ZUBEREITUNGSZEIT: 30 MINUTEN
PLUS 30–40 MINUTEN BACKEN

Tzatziki

1 große Salatgurke | Salz
2–3 Knoblauchzehen
500 g griechischer Joghurt
2 EL Olivenöl
frisch gemahlener schwarzer Pfeffer

Sesamkartoffeln

1 TL Kreuzkümmelsamen
1 TL Koriandersamen
1/2 TL gemahlene Kurkuma
1/4 TL Cayennepfeffer
frisch geriebene Muskatnuss
1 kg kleine festkochende Kartoffeln (genial sind »La Ratte«)
Olivenöl zum Ein- und Bepinseln
5 EL Sesamsamen
grobes Meersalz
mittelscharfes, geräuchertes Paprikapulver (Pimentón de la Vera)

Fürs Tzatziki die Gurke waschen, längs halbieren und die Kerne mit einem Teelöffel herauskratzen, Gurke raspeln. Gurkenraspel in ein Sieb geben, gut salzen und mindestens 5 Minuten ziehen lassen. Den Knoblauch schälen, fein hacken und zusammen mit dem Joghurt in eine Schüssel geben. Die Gurkenraspel fest ausdrücken und unter den Jogurt rühren. Das Tzatziki mit Olivenöl, Salz (wenn noch nötig) und Pfeffer abschmecken und im Kühlschrank durchziehen lassen, bis die Kartoffeln fertig sind.

Für die Sesamkartoffeln den Backofen auf 200 °C vorheizen. Kreuzkümmel und Koriander mit Kurkuma, Cayennepfeffer und 1 ordentlichen Prise Muskat im Mörser fein mahlen. Die Kartoffeln waschen und längs halbieren. Sie werden schneller und gleichmäßiger gar, wenn man sie noch am Rücken mehrmals einschneidet. Das geht ganz einfach: Jede Kartoffelhälfte mit der Schnittfläche nach unten zwischen zwei Holzstäbe legen und einschneiden. Die Stäbchen verhindern dabei ein versehentliches Durchschneiden.

Ein Backblech mit Olivenöl einpinseln und mit Sesam bestreuen. Die Kartoffeln mit der Schnittfläche nach unten daraufsetzen und mit Olivenöl bepinseln, dann mit Meersalz, Paprikapulver und der frisch zubereiteten Gewürzmischung bestreuen. Das Blech auf der mittleren Schiene in den Ofen (180 °C Umluft) schieben und die Kartoffeln in etwa 30–40 Minuten (abhängig von der Größe der Kartoffeln) goldbraun und knusprig backen, dabei einmal wenden.

GORGONZOLA-RISOTTO

Wer hat eigentlich das Gerücht in die Welt gesetzt, dass Risotto schwierig zuzubereiten sei? Bei einigen Gerichten kann ich derartige Vorbehalte ja nachvollziehen, aber bestimmt nicht bei Risotto. Denn stimmen die Zutaten und kann man dem Topf mit Reis für knappe 30 Minuten seine volle Aufmerksamkeit widmen und regelmäßig umrühren, dann kommt nach gut einer halben Stunde ein wunderbares Essen auf den Tisch. Und hat man den groben Ablauf erst mal verinnerlicht, steht auch dem Experimentieren mit verschiedenen Zutaten nichts mehr im Wege. Nicht anders entstand auch dieses Rezept, ein echtes Schmankerl für Risotto-Liebhaber. Die Süße der Äpfel und der Zwiebeln entlocken dem Gorgonzola seine feinsten Aromen und zeigen ihn von seiner allerbesten Seite.

REICHT FüR 4
ZUBEREITUNGSZEIT: 30 MINUTEN

4 EL Butter
250 g Risotto-Reis (z.B. Vialone Nano)
etwa 1 l heiße Gemüsebrühe
2 kleine Zwiebeln
2 süßsäuerliche Äpfel
frisch geriebene Muskatnuss
Salz
100 g Gorgonzola dolce
30 g frisch geriebener Parmesan
(plus etwas mehr zum Servieren)
2 EL Calvados (wer mag)

In einem großen Topf 2 EL Butter aufschäumen lassen. Den Reis zugeben und unter Rühren glasig anschwitzen. Mit etwas Gemüsebrühe ablöschen. Dann unter regelmäßigem Rühren immer wieder so viel von der Brühe nachgießen, dass der Reis eben davon bedeckt wird, und in etwa 20 Minuten bei kleiner bis mittlerer Hitze weich köcheln lassen (der Risotto-Reis diktiert dem Koch, wie viel Flüssigkeit er braucht, nicht umgekehrt). Den Reis zum Ende hin immer wieder probieren.

Zwischendurch die Zwiebeln schälen und fein würfeln. Restliche Butter in einer Pfanne aufschäumen lassen. Zwiebeln hineingeben und bei mittlerer Hitze langsam bräunen. Äpfel vierteln, entkernen und schälen, dann in dünne Spalten schneiden und klein stifteln. Die Äpfel zu den Zwiebeln in die Pfanne geben und mit Muskat und wenig Salz würzen. Etwa 5 Minuten mitdünsten, dann die Mischung auf dem Herd bei niedrigster Stufe warm halten.

Sobald der Reis nur noch ganz leicht Biss hat, den Gorgonzola und Parmesan zugeben und unter Rühren schmelzen lassen. Die Hälfte der Röstzwiebel-Apfel-Mischung einrühren und mit Calvados (wer mag) und Salz abschmecken. Der Risotto sollte eine sämige, leicht fließende Konsistenz haben, sonst noch etwas Brühe nachgießen. Auf den Tellern anrichten und mit der restlichen Röstzwiebel-Apfel-Mischung und etwas Parmesan bestreuen.

FRESH MEA
SANDWICH
ICE CREAM
WINE

ROADTRIP USA

»If you don't like the food in the States, you probably have the wrong friends.«

David Kunstle

ROADTRIP USA

Als ich mich Hals über Kopf in Oliver verliebte, hat Amor gleich in zweierlei Hinsicht Mist gebaut: Nicht nur hatte ich mein Herz an jemanden verloren, für den Kochen absolutes Neuland war, schlimmer noch war das Timing. Oliver hatte ausgerechnet am Tag zuvor einen Vertrag mit seiner alten Firma in den USA unterzeichnet – uns blieben keine drei Wochen zusammen, bevor er zurück in die USA fliegen würde. Dem Schicksal ergeben, beschlossen wir, das Beste aus der Situation zu machen und strickten bereits Pläne für meine nächsten Semesterferien, als meine Eltern mich mit einem Ticket überraschten. Ich würde Weihnachten und Neujahr in Atlanta verbringen!

Auf diesen ersten Trip folgten viele weitere und wir verbrachten gemeinsam eine wunderbar unbeschwerte Zeit.

Während ich dafür sorgte, dass Olivers Kühlschrank mit mehr als nur Corona, Milch und Eiswürfeln gefüllt war und in seiner Küche zur Abwechslung auch mal richtig gekocht wurde, überlegte er sich immer neue Ausflüge, um mir dieses derart vielfältige Land näherzubringen. Wann immer es sein Job zuließ, packten wir das Allernötigste, schickten ein kleines Stoßgebet gen Himmel, dass uns sein geliebtes, altes Cabrio nicht im Stich lassen würde, und machten uns auf den Weg. Schon unsere allererste Route an die Ostküste nach Savannah und Charleston zog mich in ihren Bann: Ausladende, dicht mit spanischem Moos behangene Bäume und historische Straßenzüge im Kolonialstil verbreiteten Südstaaten-Charme, man fühlte sich versetzt in eine längst vergangene Zeit, und die Uhren schienen dort tatsächlich noch ein wenig langsamer zu ticken.

Ich lernte fix, dass die Distanzen in den USA ganz andere sind, nicht selten waren wir den halben Tag auf dem Highway unterwegs, bevor wir das nächste Ziel erreichten. Wir verbrachten Nächte in David-Lynch-würdigen Motels, unter freiem Himmel oder in schrulligen Bed-and-Breakfasts, haben uns riesige Sandwiches auf der Motorhaube geschmiert, waren immer auf der Suche nach dem allerbesten Burger und konnten an keinem Farmers Market vorbeifahren. Dabei ist jede Region so anders, unterschiedlichste multikulturelle Einflüsse und kulinarische Traditionen machten neugierig und wollten allesamt entdeckt werden. Seitdem bin ich von dieser Art des Reisens fasziniert, immer der Nase nach, ohne große Planung Land und Leute entdecken.

Zu den schönsten Erinnerungen gehören immer die Tage und Wochen, die wir bei Freunden und ihren Familien verbringen und in denen sich fast alles ums Kochen und Essen dreht – schöner lässt sich regionale Küche mit ihren Besonderheiten kaum kennenlernen. Bei Sherry und Bob in Kalifornien werde ich regelmäßig neidisch, welche Vielfalt der eigene Garten bereithalten kann.

Sonnengewärmte Pfirsiche wachsen dort neben bei uns gänzlich unbekannten Meyer Lemons oder Feigen. Wandert man durch den üppig blühenden Garten, dann hat man flugs eine ganze Handvoll zuckersüßer Walderdbeeren genascht.

Einige Tage, viele Highway-Meilen und atemberaubende Canyons später dann das Kontrastprogramm in Colorado. Stephanie und David haben länger in unserer Nachbarschaft in München gelebt, bevor sie in ihre Heimat zurückkehrten. Bei jedem Besuch sind wir aufs Neue von der Gastfreundschaft ihrer Familien überwältigt, bei jeder sich bietenden Gelegenheit wird miteinander gekocht, gegrillt und gefeiert. Nachdem wir mittlerweile in die Familiengeheimnisse ihrer fantastischen Tamales, Chile Rellenos und Sopapillas eingeweiht wurden, revanchieren wir uns natürlich gerne mit traditionellen bayrischen Gerichten.

Nicht nur Liebe, auch Freundschaft geht durch den Magen!

END
CALIFORNIA
136

TAMALES
À LA GROSSMUTTER SALAZAR

Wann immer Stephanie von ihrer Großmutter erzählt, funkeln ihre dunklen Augen und man merkt schnell, mit welcher Leidenschaft sich bei ihrer Familie alles ums Kochen und Essen dreht:

»Was Großmutter Salazar auch zubereitet, es ist einfach unsagbar köstlich! Als sie noch auf einem Stuhl stehend gerade mal an den Herd heranreichte, backte sie bereits ihre ersten Kekse für den Vater. Ihre Eltern verstarben leider schon früh, und so war sie es, die ihre sieben Geschwister und alle Farmarbeiter mit dampfendem Bohneneintopf und riesigen Stapeln mit selbst gemachten Tortillas versorgte, sobald sie von den Felder kamen.«

Tamales haben auf dem amerikanischen Kontinent eine lange Tradition, je nach Region werden sie unterschiedlich gefüllt und in Mais- oder Bananenblätter gewickelt gegart. Da ihre Zubereitung recht arbeitsintensiv ist, sie sich aber gut auf Vorrat einfrieren lassen, werden Tamales gerne zum Anlass genommen, sich mit der ganzen Familie und den Freunden um den Küchentisch zu versammeln und zusammen wahre Berge davon für Feiertage oder besondere Gelegenheiten zu produzieren.

Dieses Rezept ergibt etwa 70 Tamales, lässt sich aber problemlos halbieren (die Knoblauch- und Zwiebelmenge bleibt unverändert). Wer lieber ausschließlich Schweine- oder Rindfleisch verwenden möchte, kann dies ebenfalls tun.

ZUTATEN

2 große Zwiebeln | 4 Knoblauchzehen | reichlich Chilipulver | je 1 1/2 kg Schweine- und Rindfleisch (fürs Garen im Topf geeignet) | Salz | frisch gemahlener Pfeffer | reichlich Maisblätter (2–3 Packungen, gibt's im mexikanischen Feinkostladen oder übers Internet) | gemahlener Kreuzkümmel (wer mag) | etwa 1 kg Maismehl (Masa Harina) | 200 g Schweineschmalz

ZUBEREITUNG: TAG 1

Zwei große Töpfe mit Wasser auf den Herd setzen und jeweils 1 geschälte Zwiebel, 2 geschälte Knoblauchzehen und 1 TL Chilipulver zugeben. Das Wasser in beiden Töpfen zum Kochen bringen. Dann je eine Sorte Fleisch hineingeben und für mindestens 4 Stunden zugedeckt bei geringer Hitze leicht köcheln lassen, bis es beinahe zerfällt. Fleisch aus der Brühe nehmen, abkühlen lassen und mit zwei Gabeln oder auch mit den Fingern in kleine Stücke zupfen. Mischen und abgedeckt bis zur weiteren Verwendung in den Kühlschrank geben.

Eine der beiden Brühen mit der gekochten Zwiebel und den Knoblauchzehen pürieren und mit Salz, Pfeffer und noch mehr Chilipulver abschmecken. Ebenfalls im Kühlschrank aufbewahren. (Übrige Brühe nach Belieben anderweitig verwenden.) Die Maisblätter über Nacht in reichlich Wasser legen und einweichen.

ZUBEREITUNG: TAG 2

Maisblätter unter fließendem Wasser abspülen und abtrocknen, dazu am besten auf Geschirrtüchern auslegen. Das gezupfte Fleisch kräftig mit Chilipulver, Salz und Kreuzkümmel (wer mag) abschmecken und gut durchmengen. Wenn man das Fleisch ein wenig mit der vorbereiteten Brühe befeuchtet, verteilen sich die Gewürze besser.

Maismehl mit Schweineschmalz, etwa 4 TL Salz und reichlich Chilipulver (sollte sich in der Farbe des Teiges bemerkbar machen!) mit den Händen zum Teig verkneten, dabei esslöffelweise Brühe zugießen, sodass der Teig geschmeidig wird und sich später gut auf die Maisblätter streichen lässt.

Nun jeweils eine kleine Portion Maisteig (Masa) dünn auf ein Maisblatt aufstreichen, dabei rundherum mehrere Zentimeter Rand frei lassen. Etwa 2 EL des Fleisches darauf verteilen und ähnlich einer Zigarre mit Masa umschließen. Maisblätter nun darüberfalten (wenn zu viel Rand vorhanden ist, lassen sich Streifen davon leicht abreißen) und

die Enden einschlagen. Stephanies Großmutter verwendet dünne Streifen der Maisblätter und bindet damit die Tamales dekorativ mit Schleifen zu hübschen kleinen Päckchen.

Jetzt einen Wok 5 cm hoch mit Wasser füllen und aufkochen. Tamales in einen Bambus-Dämpfkorb (den bekommt man günstig im Asia-Laden) legen

oder stellen, verschließen. Den Korb in den Wok setzen und die Tamales 15–20 Minuten dämpfen, bis sie gar sind und sich ganz leicht vom Maisblatt lösen lassen. (Tiefgekühlte Tamales einfach ohne vorheriges Auftauen 5 Minuten länger dämpfen.)

SHERRYS GALETTE

Galettes waren für mich französische Buchweizenpfannkuchen, bis unsere amerikanischen Freunde sie uns in ganz anderem Gewand zum Frühstück servierten. Sherrys Variante lässt sich in unzähligen Versionen backen, bereitet kaum Arbeit und wer den Dreh dann erst mal raus hat, wird mit dem luftigsten, blättrigsten Mürbeteig belohnt, den man sich nur vorstellen kann. Ein echtes Allround-Rezept, das ich am liebsten zur Jahreszeit passend mal mit Pflaumen, mal mit Birnen oder Nektarinen bestücke. Auch Obst, das seine besten Tage schon hinter sich hat, darf gerne mit rein.

ZUTATEN

Teig (für 2 Galettes, je etwa 22 cm Ø): 175 g Mehl | 1 EL weißer Zucker | 1/4 TL Salz | 100 g kalte Butter (in kleinen Stücken) | 1 EL saure Sahne
Füllung (für 1 Galette): 300–400 g geputzte, klein geschnittene Früchte (wie Birnen, Nektarinen, Pflaumen, Äpfel, Heidelbeeren, Aprikosen) | 1 EL gehackte Nüsse (wer mag) | 1–2 EL brauner Rohrzucker | 1 EL kalte Butter (in kleinen Stücken)
Dazu (für 1 Galette): 100 g Crème fraîche | 2 EL brauner Rohrzucker | Puderzucker nach Gusto

ZUBEREITUNG

Für den Teig Mehl, Zucker, Salz und Butter in die Küchenmaschine mit Schneideeinsatz geben. In kurzen Intervallen (Pulse-Funktion) nur so lange mixen, bis die Mischung wie grobe Semmelbrösel aussieht. Sahne und 50 ml eiskaltes Wasser verrühren und in mehreren Schritten dazugeben, dabei immer nur kurz durchmixen. Natürlich lässt sich der Teig auch von Hand zubereiten: Mehl, Zucker und Salz in einer Schüssel vermengen. Die Butter möglichst rasch einarbeiten. Dazu entweder einen amerikanischen Pastry Cutter verwenden oder die Butterstücke im Mehl mit den Fingern zu erbsengroßen Bröseln zerreiben. Sahne und Wasser verrühren, esslöffelweise über die Brösel geben und immer wieder mit einer Gabel grob vermengen.

Der Teig sollte nun feucht und fest genug sein, um sich zu einer Kugel formen zu lassen (sonst noch esslöffelweise Mehl oder eiskaltes Wasser zugeben) – keinesfalls zu viel kneten. Nicht irritieren lassen, wenn einzelne kleinere Butterstücke noch sichtbar sind, diese sorgen später dafür, dass der Teig schön blättrig wird. Teig halbieren, grob zu zwei fingerdicken, runden Platten formen, in Folie wickeln und mindestens 1 Stunde im Kühlschrank fest werden lassen. (Der Teig hält sich dort auch mehrere Tage.)

Backofen auf 180 °C (Umluft 160 °C) vorheizen. Eine gekühlte Teigplatte (die andere aufbewahren und später backen) leicht bemehlen und etwa 3 mm dünn ausrollen. Über das Nudelholz legen, auf ein

mit Backpapier belegtes Blech geben und füllen: mit Früchten belegen, dabei etwa 5 cm Rand frei lassen. Wer mag, verteilt jetzt die Nüsse darüber. Mit 1 EL Rohrzucker bestreuen, die Butterstücke darauf verteilen. Teigrand in Falten nach innen über die Füllung umklappen – es darf ruhig etwas rustikal aussehen –, dann mit Wasser einpinseln und mit wenig Rohrzucker besprenkeln. Auf mittlerer Einschubhöhe in den heißen Ofen schieben.

Zum Servieren Crème fraîche und Rohrzucker verrühren und 10 Minuten stehen lassen, bis sich alle Zuckerkristalle aufgelöst haben, dann noch mal durchrühren. So erhält die Crème eine leicht karamellige Note, die fein mit den Früchten harmoniert.

Nach 30–40 Minuten hat der Rand der Galette eine goldbraune Farbe angenommen, und die Früchte sind weich. Aus dem Ofen nehmen, in Portionen teilen und noch warm mit einem Löffel Crème fraîche servieren. Wer mag, bestäubt die Galette noch mit einem Hauch Puderzucker – und fertig!

elegant & extravagant

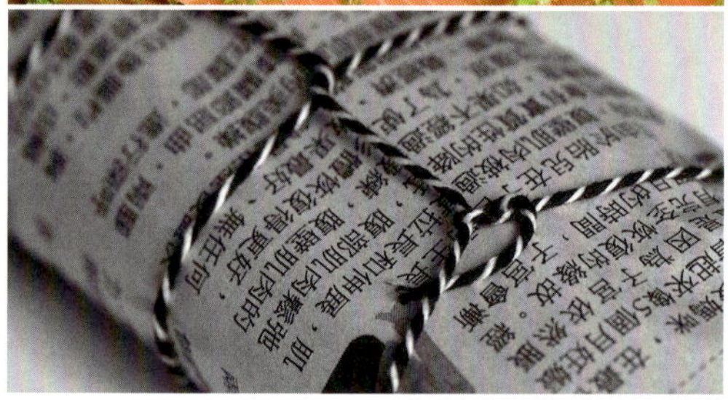

GRAVED SAIBLING MIT HONIG-SENF-DRESSING

Gebeizter Fisch lässt sich prima vorbereiten und macht garantiert Eindruck – man muss seinen Gästen ja nicht unbedingt auf die Nase binden, wie leicht er tatsächlich zuzubereiten ist. Einzig das Grätenziehen erfordert etwas Geduld. Typischerweise wird für dieses Rezept frischer Lachs verwendet, meine persönlichen Favoriten sind allerdings Saibling und Forelle, die noch einen etwas feineren Geschmack haben.

REICHT FüR 4 ALS VORSPEISE
ZUBEREITUNGSZEIT: 30 MINUTEN
PLUS 24 STUNDEN BEIZEN

Graved Saibling

2 Saiblingfilets mit Haut (je 150 g)
2 Bio-Limetten
1 TL schwarze Pfefferkörner
2 EL grobes Meersalz
1 EL Zucker
1 Stück frischer Ingwer (etwa 3 cm)
das Grün von 1–2 Knollen Fenchel

Dressing

4 EL Olivenöl
2 EL Orangensaft
1 EL Weißweinessig
1 EL milder Honig
1/2 TL Dijon-Senf
feines Meersalz (wenn nötig)

Die Fischfilets waschen und trockentupfen. Mit den Fingern sorgfältig abtasten und mit einer Pinzette noch vorhandene Gräten entfernen. Filets mit der Haut nach unten auf die Arbeitsplatte legen.

Die Limetten heiß waschen, die Schale fein abreiben und auf den Filets verteilen. Pfefferkörner grob mörsern, mit grobem Meersalz und Zucker vermischen und gleichmäßig auf den Filets auftragen. Ingwer schälen und in dünne Scheiben schneiden. Fenchelgrün waschen, trockenschütteln und fein hacken. Beides auf einem Filet verteilen. Das andere Filet mit der gewürzten Seite darauflegen.

Üblicherweise legt man nun die derart vorbereiteten Filets in einen passenden Behälter, deckt ihn mit Folie ab und beschwert die Filets. Meine Variante ist platzsparender: Die Filets zusammengeklappt stramm in Klarsichtfolie wickeln und dann in Zeitungspapier einschlagen. Filets so im Kühlschrank 24 Stunden lang beizen, nach etwa 12 Stunden einmal umdrehen, damit sich die Beize gleichmäßig verteilt. Dann die Filets auspacken, den Ingwer entfernen.

Die Filets entweder mitsamt Kräutern und Gewürzen schräg in möglichst dünne Scheiben aufschneiden oder – wem der Saibling sonst zu würzig ist – den Fisch unter fließendem kalten Wasser abspülen, trockentupfen (wer mag, kann die Filets erneut mit frischem gehackten Fenchelgrün bestreuen) und dann in dünne Scheiben schneiden. Mit dem Dressing servieren.

Dressing: Alle Zutaten in einem hohen Gefäß kurz mit dem Pürierstab aufmixen, abschmecken. Der Graved Saibling ist recht salzig, weswegen ich oft vollständig auf die Zugabe von Salz verzichte.

WALDPILZSUPPE MIT WALNUSS-RAVIOLI

Wer schon einmal gefüllte Pasta zubereitet hat, der weiß, dass diese handgemachten kleinen Leckerbissen ein echter Liebesdienst sind. Deshalb stehen Sie auch nur auf meinem Speiseplan, wenn ich Zeit und Muße habe, aber dann ...

REICHT FüR 4 ALS LEICHTES HAUPTGERICHT
ZUBEREITUNGSZEIT: 1 1/2 STUNDEN

Teig
150 g Mehl
1/4 TL Salz
1 Ei (Größe M)
2–3 Eigelb (Größe M)
1 EL Olivenöl
1 Eiweiß (Größe M)

Füllung
50 g Walnusskernhälften
1 Knoblauchzehe
1 Schalotte
1 EL Butter
2–3 Stängel Petersilie
150 g Ricotta
1 Eigelb (Größe M)
2–3 EL frisch geriebener Parmesan
feines Meersalz
frisch gemahlener schwarzer Pfeffer
frisch geriebene Muskatnuss

Suppe
1,2 l Gemüse- oder Wildfond
20 g getrocknete Waldpilze
Salz
4 EL Marsala (wer mag)
Schnittlauchröllchen zum Garnieren

Für den Teig Mehl und Salz in einer Schüssel vermischen. Ei, Eigelbe und Olivenöl zugeben und mit einer Gabel grob verrühren, dann alles per Hand zu einem geschmeidigen Teig verkneten. Zur Kugel formen, in Klarsichtfolie wickeln und mindestens 30 Minuten im Kühlschrank ruhen lassen.

Inzwischen für die Füllung die Walnüsse bei mittlerer Hitze in einer Pfanne ohne Zugabe von Fett goldbraun rösten, dann fein mahlen (z.B. im Mörser). Knoblauch und Schalotte schälen und sehr fein würfeln. Butter in der Pfanne erhitzen, Knoblauch und Schalotte darin glasig andünsten. Die Petersilie abbrausen, trockenschütteln und fein hacken. Alles zusammen mit Ricotta, Eigelb und Parmesan in eine Schüssel geben und zu einer glatten Masse verrühren. Mit Salz, Pfeffer und Muskat abschmecken.

Für die Suppe Fond aufkochen, Pilze zugeben und bei kleiner Hitze 10–15 Minuten ziehen lassen, bis sie ausreichend Aroma abgegeben haben. Die Suppe durch ein Sieb abseihen, auffangen und zurück in den Topf geben. Mit Salz und Marsala (wer mag) abschmecken.

Nudelteig in zwei Portionen teilen und nacheinander möglichst dünn ausrollen, am einfachsten geht das mit einer Nudelmaschine. Daraus kleine Ravioli formen: Nudelteigbahnen in lange Streifen (etwa 10 cm breit) schneiden, darauf mittig im Abstand von 2–3 cm etwa teelöffelgroße Häufchen Walnuss-Ricotta-Creme setzen. Den Nudelteig von einer langen Seite her über die Füllungen klappen, mit Eiweiß bepinseln, die andere lange Teigseite darüberschlagen und leicht andrücken. Darauf achten, dass möglichst keine Luft mit eingeschlossen wird. Zwischenräume mit den Fingern festdrücken, dann den Teig mit einem Teigrädchen oder Messer in Ravioli teilen.

Einen großen Topf mit Wasser zum Kochen bringen, das Wasser kräftig salzen und die Ravioli darin bei nur leichtem Köcheln in 5–7 Minuten gar ziehen lassen. Dann mit einem Schaumlöffel entnehmen, in vorbereiteten tiefen Tellern anrichten, mit der heißen Suppe übergießen und mit Schnittlauchröllchen garnieren.

BESCHWIPSTE ENTENBRUST AUF WURZELGEMÜSE

Dieses Rezept war mein allererster Versuch, eine Entenbrust getrennt in Haut und Fleisch zuzubereiten – und es ist immer noch eines meiner Lieblingsrezepte. Durch das Pochieren bleibt das Fleisch wunderbar zart und saftig, während die separat ausgelassene Haut für den heiß geliebten Knusperefekt sorgt.

REICHT FüR 4 ALS VORSPEISE
ODER FüR 2 ALS HAUPTGERICHT
ZUBEREITUNGSZEIT: 1 STUNDE

Entenbrust

150 g Perlzwiebeln
1 Bio-Orange
1 Zwiebel
1/2 l Geflügelbrühe
1/2 l kräftiger Rotwein
2 Lorbeerblätter
1 TL brauner Zucker
1 EL Aceto balsamico
1/2 TL schwarze Pfefferkörner
2 Entenbrustfilets mit Haut (je 200 g)
feines Meersalz
frisch gemahlener schwarzer Pfeffer
1 EL kalte Butter

Wurzelgemüse

1 große Möhre
1 Stange Lauch
2 EL Butter
1 Prise feines Meersalz

Für die Entenbrust Perlzwiebeln schälen, Orange heiß waschen und in fingerdicke Scheiben schneiden. Zwiebel schälen, halbieren und die Schnittflächen bei starker Hitze ohne Fett in einem großen Topf anrösten, bis sich erste dunkle Stellen zeigen. Mit Brühe und Wein ablöschen. Perlzwiebeln, Orangenscheiben, Lorbeerblätter, Zucker, Balsamico und Pfefferkörner dazugeben. Alles zum Kochen bringen und bei mittlerer Hitze etwa 10 Minuten leicht köcheln lassen.

In der Zeit die Entenbrüste vorbereiten: Filets waschen, trockentupfen, wenn nötig die restlichen Federkiele mit einer Pinzette entfernen. Vorsichtig die Haut abziehen, dabei eventuell mit einem Messer nachhelfen (aber nicht ins Fleisch schneiden). Abgezogene Haut in fingerdicke Streifen, dann in Würfel schneiden und in einer Pfanne bei mittlerer Hitze goldbraun und knusprig auslassen. Die Entengrieben auf Küchenpapier abtropfen lassen.

Die Hitze der Rotweinbrühe reduzieren, sodass sie nicht mehr kocht, dann die Entenbrustfilets einlegen und unter dem Siedepunkt in 8–10 Minuten gar ziehen lassen. Herausnehmen, in Alufolie packen und kurz ruhen lassen. Rotweinbrühe durch ein Sieb gießen (wer mag, kann die Perlzwiebeln zum Gericht servieren) und auffangen. Etwa 300 ml abnehmen und in einem kleinen Topf bei starker Hitze kräftig auf die Hälfte einkochen lassen. Dann die Sauce mit Salz und Pfeffer abschmecken, die Butter in Stückchen einrühren.

Zwischendurch für das Gemüse Möhre schälen, quer halbieren und jedes Stück längs in dünne Scheiben schneiden. Die Scheiben aufeinanderlegen und in dünne Stifte schneiden. Wurzelansatz und dunkelgrünes Endstück vom Lauch abschneiden. Lauch putzen, längs halbieren und unter fließendem kalten Wasser säubern, dann in etwa fingerlange Stücke teilen und diese längs in feine Streifen schneiden. Die Butter in einem Topf zerlassen und das Gemüse bei geringer bis mittlerer Hitze 5–8 Minuten anschwitzen, bis es noch ein wenig Biss hat. Mit Salz abschmecken und warm halten.

Die Entenbrustfilets in dünne Scheiben schneiden und kurz in die Sauce geben, dann zusammen mit dem Wurzelgemüse und den knusprigen Entengrieben anrichten. Schmeckt auch lauwarm.

SAFRAN-KARTOFFEL-SUPPE MIT INGWERGARNELEN

Bestimmte Rezepte laden einen geradezu ein, sie immer wieder aufs Neue abzuwandeln. Kartoffelsuppe ist eines davon. Die meiner Mama ist ungeschlagen legendär und wird von ihr heute noch gleich in mehreren Töpfen angesetzt, damit wirklich jeder satt wird. Auch meine moderne Variante mit Curry und Speck mag ich nicht missen. Aber wie wäre es zur Abwechslung mit einem richtig noblen Anstrich für die Knolle? Auf den Tisch kommt sie als sonnengelbe Versuchung mit in Ingwerbutter geschwenkten Garnelen, nach denen man sich genüsslich die Finger abschleckt.

REICHT FüR 4
ZUBEREITUNGSZEIT: 30 MINUTEN

Suppe
2 Schalotten
1/2 große rote Chilischote
1 große Möhre
3 mehlig kochende Kartoffeln (etwa 600 g)
2 EL Butterschmalz
1 l Gemüsebrühe
1/2 TL Safranfäden
200 g Sahne
feines Meersalz
frisch gemahlener schwarzer Pfeffer

Garnelen
12 ungeschälte rohe Garnelen
1 Stück frischer Ingwer (etwa 3 cm)
3 EL Butter
1 Prise Salz
4 Bambusspieße

Nach Gusto
Safranfäden zum Garnieren
Crème fraîche zum Verfeinern
Baguette

Für die Suppe die Schalotten schälen und fein würfeln. Die Chilischote waschen, entstielen und fein hacken. Die Möhre waschen, putzen und in grobe Scheiben schneiden. Die Kartoffeln schälen, waschen und grob würfeln.

Das Butterschmalz in einem großen Topf erhitzen, die Schalotten darin glasig dünsten. Chili, Möhrenscheiben und Kartoffelwürfel zugeben, mit der Brühe aufgießen und die Safranfäden einstreuen. Bei mittlerer Hitze 15–20 Minuten zugedeckt köcheln lassen, bis sich das Gemüse leicht mit einer Gabel zerdrücken lässt. Dann mit dem Pürierstab sämig mixen, die Sahne zugeben und die Suppe mit Salz und Pfeffer abschmecken.

Zwischendurch die Garnelen bis aufs letzte Schwanzstück schälen und den Darm entfernen. Dazu die Garnelen am Rücken der Länge nach ein wenig einschneiden und den dunklen Darmstrang herausziehen. Dann die Garnelen unter fließendem kalten Wasser kurz abspülen und auf Küchenpapier abtropfen lassen.

Den Ingwer schälen und fein hacken. Die Butter in einer Pfanne aufschäumen lassen, den Ingwer untermischen. Die Garnelen dazugeben und bei mittlerer Hitze je nach Größe in 1–2 Minuten rosa braten, dabei wenden. Mit Salz würzen. Jeweils 3 Ingwergarnelen auf einen Spieß stecken.

Die Ingwer-Garnelen-Spieße zur heißen Suppe anrichten. Nach Gusto mit ein paar Safranfäden garnieren sowie Crème fraîche zum Verfeinern und Baguette dazu reichen.

BASILIKUM-GNOCCHI MIT PINIENKERNBUTTER

Ich gebe es unumwunden zu – ich liebe Kartoffeln. Schon als Kind habe ich mich gerne auf Beilagen wie Kartoffelknödel und Bratkartoffeln gestürzt und so manchen tollen Braten ignoriert. Deshalb sind selbst gemachte Gnocchi für mich der Himmel auf Erden und wirklich nicht mit gekauften zu vergleichen. Hat man den Dreh mit der richtigen Konsistenz erst mal raus, dann kommt man nie mehr davon los.

REICHT FüR 4
ZUBEREITUNGSZEIT: 45 MINUTEN
PLUS 1 STUNDE GAREN

Gnocchi

1 kg mehlig kochende Kartoffeln
1 Handvoll Basilikumblätter
1 Ei (Größe M)
1 Eigelb (Größe M)
feines Meersalz
frisch geriebene Muskatnuss
75–125 g Mehl (plus noch etwas mehr zum Formen, Grieß kann auch genommen werden)

Butter

5–6 EL Pinienkerne
125 g Butter
1 Prise feines Meersalz

Backofen auf 200 °C vorheizen. Kartoffeln waschen, mehrmals mit einem Messer anpiksen und auf dem Gitter im Ofen (Mitte, Umluft 180 °C) in etwa 1 Stunde weich garen, dabei einmal wenden. Die Kartoffeln möglichst heiß schälen und durch die Kartoffelpresse in eine Schüssel drücken. 750–800 g davon abwiegen, 5 Minuten ausdampfen lassen. Inzwischen Basilikumblätter klein zupfen und mit Ei und Eigelb mit dem Stabmixer fein pürieren.

Mindestens 1/2 TL Salz und etwas Muskatnuss über die Kartoffeln streuen, Mehl und Basilikumeier darübergeben und grob mit einer Gabel vermengen. Nun sind die Hände gefragt! Gnocchi-Teig kann sehr launenhaft sein, die Qualität der Kartoffeln und ihr Wassergehalt erfordern mal mehr, mal weniger Mehl. Zwei Dinge sollte man immer beachten: Je weniger Mehl, desto leichter und samtiger (aber auch fragiler!) werden die Gnocchi – je nach Kartoffeln sind 10–20 % der verwendeten Kartoffelmenge erforderlich. Zu viel Mehl macht sie zäh wie Gummibälle. Und: Gnocchi-Teig wird kaum geknetet, die Zutaten sollen gerade eben gleichmäßig im Teig verteilt werden. Den Teig also mit den Händen mehr sanft zusammendrücken als richtig kräftig kneten. Der fertige Teig sollte sofort verarbeitet werden, da er schnell pampig und feucht wird.

Mit Mehl bestäubten Händen kleine Portionen vom Teig abnehmen, auf einer bemehlten Arbeitsfläche zu langen, daumendicken Rollen formen und in etwa 2 cm lange Stücke schneiden. Jedes Stück mit dem Daumen abwärts über Gabelzinken oder ein Gnocchi-Brett (Rigagnocchi) rollen, sodass eine Seite eine Delle, die andere das typische Rillenmuster erhält. Mit jedem Gnoccho geht das leichter von der Hand. Dann auf einer bemehlten Unterlage ablegen.

Einen großen Topf mit Wasser zum Kochen bringen und das Wasser kräftig salzen, dann die Hitze zurückdrehen. Gnocchi vorsichtig ins Wasser gleiten lassen und bei nur minimalem Köcheln gar ziehen lassen – sobald sie an die Oberfläche steigen, mit einem Schaumlöffel herausnehmen. Mit Pinienkernbutter servieren.

Pinienkernbutter: Pinienkerne fein hacken oder mörsern. Butter in einer Pfanne aufschäumen, Pinienkerne und Salz zugeben. Beides bei leichter bis mittlerer Hitze goldbraun werden lassen – aber Vorsicht, das geht oft schneller als man denkt! Über die Gnocchi löffeln.

GEPFEFFERTES ROASTBEEF MIT FRÜHLINGSDRESSING

Für dieses Rezept lohnt es sich wirklich, nur das allerbeste Rindfleisch zu kaufen, außerdem sollte das Fleisch mindestens drei, besser vier Wochen abgehangen sein. Was bei einem guten Metzger selbstverständlich ist. Beim Zubereiten hat sich mein Fleischthermometer bewährt – es schützt verlässlich davor, dass das saftige Roastbeef zu lange gegart wird, seinen rosa Kern verliert und trocken wird. Gut geeignet als Sonntagsessen oder fürs Brunch-Büffet. Ganz zu schweigen von den üppigen Sandwiches, die man aus den Resten zaubern kann!

REICHT FüR 4 ALS HAUPTSPEISE UND DAZU 1 HANDVOLL SANDWICHES
ZUBEREITUNGSZEIT: 30 MINUTEN PLUS 1 STUNDE ANWäRMEN UND 2–2 1/2 STUNDEN GAREN

Roastbeef

1 kg gut abgehangenes Roastbeef
2–3 EL schwarze Pfefferkörner
1 TL feines Meersalz
2 EL Butterschmalz

Dressing

1 Frühlingszwiebel
4 Radieschen
1 Schalotte
8 EL Olivenöl
1 EL Weißweinessig
feines Meersalz

Außerdem

Küchengarn
Fleischthermometer

Roastbeef 1 Stunde vor dem Braten aus dem Kühlschrank holen und Raumtemperatur annehmen lassen. Den Backofen auf 100 °C (Umluft nicht empfehlenswert) vorheizen. Roastbeef mit Küchengarn fest verschnüren. Pfefferkörner im Mörser grob zerkleinern, mit dem Meersalz vermischen und das Fleisch von allen Seiten damit einreiben. Das Butterschmalz in einer Pfanne auf dem Herd zerlassen und das Roastbeef bei starker Hitze von allen Seiten kurz scharf anbraten, bis das Fleisch eine schöne braune Kruste hat.

Um ganz sicher zu gehen, dass das Roastbeef später einen zartrosa Kern behält, kann man sich mit einem Fleischthermometer behelfen, das günstig im Küchenfachgeschäft oder online zu beziehen ist. Der Messstab des Thermometers wird von oben ins Fleisch gesteckt, seine Spitze sollte am Mittelpunkt des Roastbeefs sitzen und so immer die Kerntemperatur des Fleisches anzeigen.

Das Fleisch mit der Fettschicht nach oben in eine hitzebeständige Form setzen, in den Ofen schieben (Mitte) und 2–2 1/2 Stunden braten. Möchte man sein Roastbeef klassisch rosa, dann liegt die erforderliche Kerntemperatur bei etwa 60 °C (unter 55 °C ist es blutig, über 65 °C durchgebraten). Sobald die gewünschte Kerntemperatur erreicht ist, Roastbeef aus dem Ofen nehmen, in Alufolie wickeln und vorm Anschneiden etwas ruhen lassen. Mit dem Dressing am besten lauwarm oder kalt servieren. Dazu passen Kartoffeln sehr gut – Ofenkartoffeln, Folienkartoffeln, Bratkartoffeln ...

Dressing: Die Frühlingszwiebel waschen, Wurzel und die grünen Enden großzügig abschneiden. Zwiebel der Länge nach vierteln und klein schneiden. Radieschen waschen, putzen und fein würfeln. Schalotte schälen und ebenfalls fein würfeln. Alles mit dem Olivenöl und dem Weißweinessig vermischen und mit Salz abschmecken. Über das dünn aufgeschnittene Roastbeef träufeln.

Tipp: In Folie eingepackt hält sich das restliche Roastbeef einige Tage im Kühlschrank. Zusammen mit Rucola, Tomaten, Avocado, Käse und beispielsweise einer Honig-Senf-Sauce ist es perfekt für ein Luxus-Sandwich zwischendurch.

GEWÜRFELTES RISOTTO MIT LAMMSPIESSCHEN

Das Besondere an diesem Risotto sind die sanft angerösteten Gemüsewürfel, die – im optimalen Fall und mit der nötigen Fingerfertigkeit – nicht viel größer sind als die Reiskörner selbst. Das sorgt für ein einmaliges Geschmackserlebnis, das nur durch die zarten Lammfiletstücke noch übertroffen wird.

REICHT FüR 4
ZUBEREITUNGSZEIT: 45 MINUTEN

Risotto
1 großer Zucchino
1 große Aubergine
4 EL Butter
feines Meersalz
frisch gemahlener schwarzer Pfeffer
frisch geriebene Muskatnuss
2 Schalotten
400 g Risotto-Reis (z.B. Arborio)
1/4 l trockener Weißwein
etwa 1 l heißer Gemüsefond
(Gemüsebrühe geht auch)
50 g frisch geriebener Pecorino

Spieße
4 Zweige Rosmarin
200 g Lammfilet
2 EL Olivenöl
feines Meersalz
frisch gemahlener schwarzer Pfeffer

Für den Risotto den Zucchino und die Aubergine waschen, putzen und in möglichst feine Würfel schneiden. In einer großen Pfanne 2 EL Butter aufschäumen lassen und darin die Gemüsewürfel bei mittlerer Hitze in 5–8 Minuten leicht anrösten. Mit Salz, Pfeffer und Muskat abschmecken, dann zur Seite stellen.

Zwischendurch die Lammspießchen vorbereiten: Die Rosmarinzweige werden als Spieße verwendet, dazu die Zweige waschen, trockenschütteln und die Nadeln entgegen der Wuchsrichtung abstreifen, dabei nur an der Zweigspitze ein paar Nadeln stehen lassen. Das dicke Zweigende mit einem Messer spitz zuschnitzen, dann lässt sich das Fleisch leichter aufspießen. Lammfilet in 2 cm große Würfel schneiden und auf die Rosmarinzweige stecken.

Die Schalotten schälen und fein würfeln. Restliche Butter in einem großen Topf zerlassen und die Schalotten darin glasig andünsten, dann den Reis zugeben. Unter Rühren bei mittlerer Hitze so lange anbraten, bis die Reiskörner ebenfalls glasig sind, dann mit dem Weißwein ablöschen. Den Reis nun in 20–25 Minuten weich garen, dafür immer wieder etwas vom Gemüsefond zugießen und (ganz wichtig!) regelmäßig umrühren, damit der Risotto nicht am Topfboden ansetzt. 1–2 Minuten bevor der Reis gar ist, die Gemüsewürfel untermengen. Ganz zum Schluss den Pecorino unterrühren und den Risotto mit Pfeffer und (wenn nötig) Salz abschmecken.

Zum Garzeitende hin das Olivenöl in einer Pfanne erhitzen. Die Lammspießchen salzen und pfeffern und im Öl bei mittlerer bis starker Hitze auf jeder Seiten maximal 1 Minute anbraten, sodass sie im Kern noch leicht rosa sind. Risotto auf die Teller verteilen und mit den Spießchen anrichten.

FENCHEL-ORANGEN-SALAT MIT RÄUCHERFORELLE

Dass Fenchel und Orange gut miteinander können, ist kein Geheimnis. Adelt man die beiden noch mit geräuchertem Fisch, dann wird dieser farbenfrohe Salat zu einer richtigen Geschmacksoffenbarung. Süß, sauer, scharf, würzig, knackig, weich – jede Nuance ist vertreten. Und dabei muss man noch nicht mal Anis-Fan sein (ich bin keiner!), damit dieser Salat einen begeistert.

REICHT FüR 4 ALS LEICHTES HAUPTGERICHT
ZUBEREITUNGSZEIT: 25 MINUTEN PLUS 1 STUNDE MARINIEREN

1 Zitrone
4 Orangen
2 rote Zwiebeln
2 Knollen Fenchel (unbedingt samt dem satten Grün)
5 EL Olivenöl
1–2 EL Anislikör (z. B. Pernod)
1–2 Prisen Zucker
feines Meersalz
frisch gemahlener schwarzer Pfeffer
2 geräucherte Lachsforellenfilets

Die Zitrone und 1 Orange auspressen. Die Zwiebeln schälen und hobeln oder schneiden, je feiner desto besser – eine Mandoline (Gemüsehobel) ist perfekt für diese Aufgabe. Die Fenchelknollen waschen und putzen, das Grün abschneiden und zur späteren Verwendung beiseitelegen. Die Knollen vierteln und ebenfalls fein hobeln. Das Gemüse zusammen mit dem Zitrussaft in eine große Schüssel geben und mindestens 1 Stunde abgedeckt marinieren.

Dann die Marinade in eine kleine Schüssel abgießen und mit dem Olivenöl und Anislikör verrühren. Mit Zucker, Salz und etwas Pfeffer abschmecken. Das Fenchelgrün fein hacken und 1–2 EL davon unter das Dressing mischen.

Die restlichen Orangen so schälen, dass auch die weiße Haut vollständig mit entfernt wird, und die Früchte quer zu den einzelnen Fruchtsegmenten in dünne Scheiben aufschneiden. Die marinierten Gemüsespäne auf Tellern anrichten, die Orangenscheiben sowie die mit den Fingern in grobe Stücke gebrochenen Fischfilets darüber verteilen. Großzügig mit dem Dressing beträufeln.

FAMILIENREZEPTE

Meine Nachbarin Mathilde hält mir den Teller unter die Nase, auf dem ich ihr tags zuvor einen Kuchen zum Probieren vorbei gebracht hatte: »Also der hat geschmeckt … Für ein paar Sekunden hab' ich mich gefühlt wie in der Küche meiner Großmutter, wenn sie Dampfnudeln gemacht hat.«

FAMILIENREZEPTE

Das entfernte Klicken des Gartentores hatte bereits Besuch angekündigt, da vernahm ich auch schon eine mir sehr vertraute Stimme: »Luis'? Luis'?« Die Haustüre öffnete sich (bei meinen Großeltern steckte tagsüber der Haustürschlüssel außen) und eine kleine, stämmige Person mit krausen Locken und vielen Grübchen betrat die Küche. Tante Kate, wie ich sie nannte, meiner Großmutter Luises Nichte, wohnte nur eine Straße weiter und teilte ihre Leidenschaft fürs Backen. Sie trug ein Blech mit duftendem Zwetschgendatschi vor sich her und war wegen Zwetschgennachschub gekommen: »Servus Nicky, is' d' Luis' unten in der Nähbude?« Nähbude war unser Kosename für Oma Luises kleine Schneiderwerkstatt im Keller. War sie weder in der Küche, noch in ihrer Nähbude, dann konnte sie eigentlich nur im Gewächshaus sein. Ich schickte Tante Kate wieder nach draußen, nicht ohne mir noch eine Warnung einzufangen:

»Der Kuchen muss aber erst noch abkühlen, bevor'st ihn anschneid'st, gell?!«

Seit ich mich erinnern kann, verbrachte ich alle Wochenenden und Ferien bei meinen Großeltern. Ihr altes, verwinkeltes Haus und der große Obstgarten waren der beste Abenteuerspielplatz, den man sich nur wünschen konnte. Wenn Oma mich Freitag von der Schule abholte, dann ging es nicht selten direkt weiter zum Erdbeerpflücken, zur Verwandtschaft, um Eingemachtes abzuliefern oder Selbstgebackenes abzuholen oder einfach nur zum Kaffeeklatsch – dafür war immer Zeit. Am meisten freute ich mich aber, wenn wir in Weihern Omas Bruder Josef einen Besuch abstatteten. Der hatte die väterliche Bäckerei übernommen und backte die allerbesten weißen Brezen, die man sich nur vorstellen konnte. Zwischen riesigen Mehlsäcken und hohen Blechstapeln gab es immer etwas Frischgebackenes zu probieren, und die Backstuben-Katzen freuten sich, wenn man mit ihnen spielte.

Wieder zurück erwartete uns schon mein Großvater, der sich gerade um den Gemüsegarten kümmerte. »Die Lene war da und hat etwas vorbeibracht.«

Kein Wunder, dass Omas Speisekammer und die zahlreichen Vorratsregale im Keller nie leer zu werden schienen, unzählige eingekochte Marmeladen, ihre heiß geliebten Armagnac-Zwetschgen, Schwarzgeräuchertes, Stapel von Gemüse- und Obstkisten und immer mindestens ein frisch gebackener Kuchen auf dem Küchenbord.

Im Schlaraffenland konnte es nicht schöner sein. Omas Küche war bodenständig und deftig, es gab viele Fleisch- und Kartoffelgerichte, abends meist eine einfache Brotzeit. Dafür kam zu jeder Mahlzeit ein frischer Salat aus dem Garten auf den Tisch. Saisonale Küche war für sie das Natürlichste auf der Welt, waren die Zwetschgen im Garten reif, dann standen Zwetschgenknödel auf dem Speiseplan, konnten wir die Äpfel gar nicht schnell genug pflücken und kistenweise verschenken, gab es Apfelstrudel aus Kartoffelteig zum Mittag, Apfelkompott zu Pfannkuchen und natürlich Apfelkuchen zum Kaffee. Unser aller Lieblingszeit war aber der Spätsommer, wenn meine Großmutter fast täglich »in die Schwammerl ging«. Ganz frische Steinpilze, Maronen und Pfifferlinge wurden zu einer Suppe gekocht, nach der sich die ganze Familie die Finger abschleckte.

Überhaupt gab es ein paar Sachen, die den Esstisch meiner Großeltern besonders schnell füllten, Schoppala und jede Art von Sonntagsbraten gehörten dazu. Der Tisch wurde ausgezogen und alle halfen mit beim Auftragen. Satt und glücklich saß man noch lange danach zusammen, trank Kaffee und erzählte sich von der vergangenen Woche. Bis heute haben Omas Rezepte für mich nichts von ihrem Zauber verloren.

SCHOPPALA
VON OMA LUISE

Schoppala sind eine süddeutsche Kartoffelbeilage, für die es wahrscheinlich ein Dutzend regional gefärbte Namen gibt, die besonders gern zu Braten oder Kraut auf den Tisch kommen und einem italienischen Gnocchi-Teig nicht ganz unähnlich sind. Da man Fingernudeln mittlerweile in jedem Kühlregal industriell gefertigt finden kann, macht sich heute leider kaum jemand mehr die Arbeit, diese kleinen Kartoffelnudeln selbst herzustellen – dabei schmecken sie so viel besser.

Wenn mein Opa mich mit dem Satz »Die Oma macht Schoppala!« begrüßte, war nie ganz klar, wer sich darüber mehr freute, er oder ich.

Von klein auf hatte ich Oma Luise beim »Schoppala-Wutzln« zugeschaut und fleißig mit Hand angelegt, denn es war gar nicht so einfach, ihnen die perfekte Form zu verpassen. Brutzelten sie dann endlich in der Pfanne, lauerten mein Großvater und ich ungeduldig auf die ersten goldbraunen Nudeln. Die man natürlich mit den Fingern aß!

ZUTATEN
Für 4 als Beilage oder Snack: 750-800 g mehlig kochende Kartoffeln | 75–100 g Mehl (nach Bedarf) | Salz | frisch geriebene Muskatnuss | 1 Ei (Größe L) | Butterschmalz zum Ausbacken

ZUBEREITUNG
Kartoffeln weich dämpfen (oder kochen), möglichst heiß schälen und durch eine Kartoffelpresse drücken, dann gut 15 Minuten ausdampfen lassen. Mehl, Salz, Muskatnuss und das Ei darübergeben, alles mit einer Gabel locker vermengen (mit Salz abschmecken nicht vergessen!) und mit wenigen Handgriffen zu einem Teigkloß formen. Je weniger der Kartoffelteig bearbeitet wird, desto besser.

Sofort weiterverarbeiten, sonst wird der Teig klebrig: Eine Handvoll abnehmen, auf dem bemehlten Brett zu gut daumendicken Rollen formen und mit einem Messer in gleich große Stücke schneiden. Mit bemehlten Händen zu fingerdicken, 8–10 cm langen Fingernudeln rollen und auf einem mit Mehl (oder auch Grieß) bestäubten Brett ablegen.

Butterschmalz in einer großen Pfanne erhitzen und die Schoppala bei mittlerer Hitze goldbraun braten, dabei mehrmals wenden. Passen toll als Beilage zu jeglicher Art von Wild, Braten oder als Snack pur, zum Beispiel mit einer Schüssel Salat.

SCHMALZKÜCHLN

Als Kind hatten Feiertage, Kirchweih und große Dorfhochzeiten für mich immer eins gemeinsam: Es gab die allerbesten Kuchen und Torten, vor allem aber das leckerste Schmalzgebäck, das man sich nur vorstellen konnte. Dabei wollte ich meiner Großmutter nie so recht glauben, dass man die Schmalzküchln (auch Kiachln, Schmalznudeln oder Auszogne) früher tatsächlich über dem Knie ausgezogen hat (daher der Name »Auszogne«). Mit eingefetteten Händen, etwas Fingerspitzengefühl und Übung geht es aber mindestens ebensogut!

ZUTATEN

Ergibt etwa 15 Stück: 50 g Butter (plus etwas mehr zum Einpinseln) | 500 g Mehl | 20 g frische Hefe | 150–200 ml lauwarme Milch | 75 g Zucker | 1 Prise Salz | 2 Eier (Größe M) | Butterschmalz zum Ausbacken | Puderzucker zum Bestäuben

ZUBEREITUNG

Butter bei niedriger Hitze schmelzen und abkühlen lassen. Mehl in eine große Schüssel sieben und in die Mitte eine Vertiefung drücken. Die frische Hefe hineinbröckeln, mit etwa einem Drittel der lauwarmen Milch übergießen und 1 Prise Zucker zugeben. Die Hefemilch einmal umrühren, mit etwas Mehl bestäuben und die Schüssel abdecken. Den Vorteig an einem warmen und zugfreien Ort etwa 20 Minuten gehen lassen, bis er Blasen wirft.

Restliche Milch, übrigen Zucker, Salz, Eier und Butter zugeben und alles von Hand oder in der Küchenmaschine mit dem Knethaken gründlich verkneten, bis der Teig glänzt und sich gut von der Schüssel löst. Mit einem Esslöffel einzelne Portionen abstechen, zwischen den Händen zu Kugeln formen, mit wenig Butter einpinseln und abgedeckt weitere 15–20 Minuten gehen lassen.

Das Butterschmalz in einem hohen Topf erhitzen (mindestens 8 cm hoch sollte das flüssige Schmalz im Topf stehen). Die optimale Temperatur zum Frittieren des Schmalzgebäcks beträgt 175 °C. Sie ist erreicht, wenn an einem eingetauchten Holzkochlöffelstiel Blasen hochsteigen.

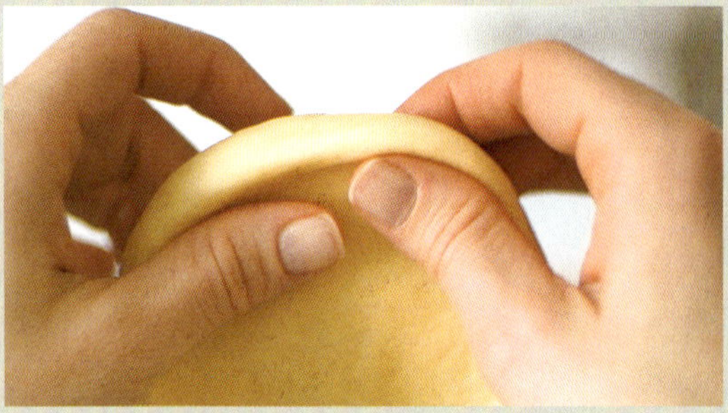

Die Finger mit Butter einreiben (so geht's leichter) und die Küchln formen. Dazu jede Teigportion behutsam von der Mitte aus dünn ausziehen und einen gleichmäßig dicken Rand formen. Dann vorsichtig ins heiße Fett geben und sofort mit einem Löffel ein paar mal Fett darüberschöpfen, damit die typische Form entsteht.

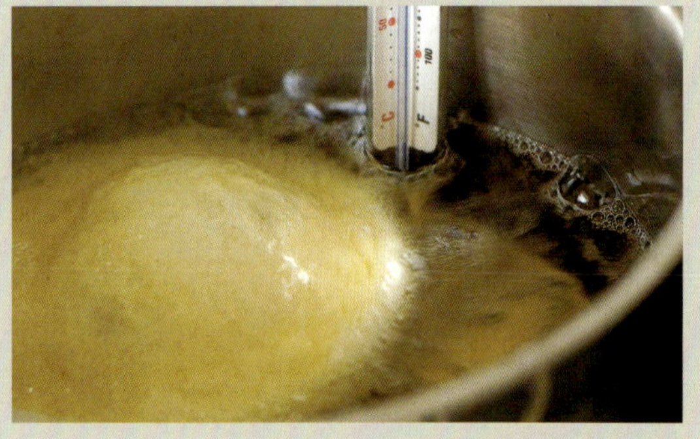

Sobald die Unterseite goldbraun ist, die Küchln wenden und fertig backen, dabei darauf achten, dass kein Fett mehr in die Mitte gelangt – die Küchln sollen innen schön hell bleiben. Auf Küchenpapier abtropfen lassen, dann mit Puderzucker bestäuben.

süß & unwiderstehlich

BIRNEN IN SAFRAN-VANILLE-SIRUP

Dieses Rezept gehört gleich aus zwei Gründen zu meinen Lieblingsrezepten. Zum einen sind da diese wunderbare sonnengelbe Farbe und der herrliche Geschmack der Birnen, zum anderen feiern sogar zwei meiner Lieblingsaromen hier ihre Hochzeit. Vanille und Safran gehören von jeher mit zu den teuersten Gewürzen – damit es auch ein edles Luxus-Dessert wird, sollte man sie wirklich nur in allerbester Qualität verwenden. Die kleine Investition wird doppelt und dreifach belohnt, allein schon der Sirup ist eine Klasse für sich.

REICHT FüR 4–6
ZUBEREITUNGSZEIT: 20 MINUTEN PLUS BIS ZU 30 MINUTEN GAREN UND MARINIEREN üBER NACHT

250 g Zucker
1 Vanilleschote
1 Limette
etwa 1/2 TL Safranfäden
6 festere Birnen

Nach Gusto

Vanille-Eiscreme (die schmeckt einfach himmlisch dazu)

600 ml Wasser und den Zucker unter gelegentlichem Rühren bei starker Hitze in einem weiten Topf zum Kochen bringen. Dann die Hitze zurücknehmen, sodass der Sirup nur mehr leicht köchelt. Die Vanilleschote der Länge nach aufschneiden, Mark mit dem Messer herauskratzen und samt Schote zum Zuckersirup geben. Limette auspressen und den Saft sowie die Safranfäden ebenfalls zugeben.

Die Birnen entweder halbieren oder vierteln, dann entkernen und schälen, zum Sirup geben. Abgedeckt darin je nach Größe in bis zu 30 Minuten weich köcheln lassen, dabei die einzelnen Birnenstücke ab und zu behutsam mit zwei Löffeln umdrehen. Sie sind fertig, wenn man beim Hineinstechen mit der Messerspitze kaum mehr Widerstand spürt (sie sollen aber auch nicht zerfallen).

Birnenstücke vorsichtig in ein hohes Gefäß geben (Einmachgläser eignen sich gut) und mit dem Sirup übergießen, bis alle Früchte bedeckt sind. Abkühlen lassen, dann abgedeckt im Kühlschrank mindestens über Nacht durchziehen lassen – erst dann nehmen sie die sonnengelbe Farbe des Safrans richtig gut an. Je länger man die Birnen im Safran-Vanille-Sirup ziehen lässt, desto ausgeprägter wird ihr unbeschreibliches Aroma (weshalb es sich auch immer lohnt, gleich mehr davon zuzubereiten!). Die Birnen mit Vanille-Eiscreme servieren und ein wenig Sirup darüberträufeln.

PASSIONSFRUCHTPARFAIT

Parfaits sind die perfekten Desserts. Sie sind vom Handwerklichen her kein Hexenwerk, lassen sich toll vorbereiten und können dabei mächtig Eindruck machen. Die schwarzen Kernchen der Passionsfrüchte und die weißen Baiserkrümel geben diesem Parfait ein spannendes Innenleben, und die bordeauxrote Glühweinreduktion hat es wirklich in sich. Ob der Chef zum Abendessen kommt oder man für die Angebetete kocht – das ist das richtige Dessert dafür!

REICHT FüR 4
ZUBEREITUNGSZEIT: 45 MINUTEN
PLUS 4 STUNDEN TIEFKüHLEN

Parfait

1 Vanilleschote
3 Eigelb (Größe L)
50 g Zucker
2 Passionsfrüchte
4 EL Baiserkrümel (etwa haselnussgroß, eventuell noch etwas mehr zum Drüberstreuen)
200 g Sahne

Reduktion

400 ml kräftiger Rotwein (z.B. Cabernet Sauvignon)
50–75 g Zucker
1 Bio-Orange
1 Stück frischer Ingwer (etwa 1 cm)
1/2 Zimtstange
1 Sternanis
1–2 TL Speisestärke (falls nötig)

Außerdem

4 Timbalförmchen (je etwa 100 ml Fassungsvermögen)

Für das Parfait die Vanilleschote der Länge nach aufschneiden, das Mark mit dem Messer herauskratzen und mit Eigelben und Zucker in eine große Metallschüssel geben. Mit dem Schneebesen über dem heißen Wasserbad aufschlagen – auch von Hand dauert dies selten länger als 4 Minuten, die Masse wird zuerst schaumig, dann cremig. Die Schüssel in eiskaltes Wasser setzen und so lange weiterschlagen, bis die Eiercreme kalt ist. Passsionsfrüchte halbieren, Mark und Kerne herauslöffeln, mit Baiserkrümeln unter die Creme rühren. Die Sahne steif schlagen. Davon erst ein Drittel, schließlich den Rest vorsichtig unter die Creme heben, sie soll schön luftig bleiben. In die Timbalförmchen füllen und mindestens 4 Stunden tiefkühlen.

Inzwischen für die Reduktion Wein und Zucker in einem Topf aufkochen. Orange heiß waschen, mit dem Sparschäler 2–3 Streifen Schale abschälen, zum Wein geben. Orange auspressen, Saft durch ein Sieb dazugießen. Ingwer schälen, in Scheiben schneiden und mit Zimt und Anis auch dazugeben. Alles bei kleiner bis mittlerer Hitze in 20–30 Minuten mindestens um die Hälfte einkochen. Ist die Reduktion noch zu flüssig, 2–3 EL kaltes Wasser mit der Stärke glatt rühren, bevor man das dann wieder in die köchelnde (!) Reduktion rührt. (Die Reduktion dickt beim Abkühlen noch mal etwas ein, deshalb ist ein wenig Fingerspitzengefühl gefragt.) Vom Herd nehmen und abkühlen lassen. Perfekt ist die Konsistenz, wenn die Reduktion wie dünnflüssiger Honig vom Löffel fließt.

Förmchen vor dem Servieren einige Sekunden in heißes Wasser tauchen, dann mit einem Messer am Rand entlangfahren und das Parfait lösen, bevor man es auf Teller stürzt. Noch ein paar Minuten antauen lassen – nur so entfaltet es seine volle Cremigkeit – und mit der Reduktion beträufeln. Wer mag, streut dann noch ein paar Baiserkrümel darüber. Das Parfait hält sich übrigens problemlos einige Tage im Gefrierfach, ist also gut auf Vorrat zuzubereiten.

GRÜNE SCHOKOMOUSSE

Das Credo, ausschließlich die allerbesten Zutaten zu verwenden, ist ein Muss für diese Mousse. Ich nehme dafür nur Schokolade, die ich am allerliebsten sofort pur vernaschen möchte, – und ein relativ mildes Olivenöl. Lasse ich die Mousse jemanden zum ersten Mal probieren, ist es immer ein Spaß zu sehen, dass zwar jeder meint, er kenne diese mysteriöse Zutat, um dann begeistert und ratlos zugleich Löffel um Löffel zu verspeisen – und zum Schluss doch um die Auflösung des Rätsels zu bitten. Wer eine kräftigere Note bevorzugt, der wählt ein besonders fruchtiges Olivenöl.

REICHT FüR 4–6
ZUBEREITUNGSZEIT: 45 MINUTEN
PLUS 4 STUNDEN KüHLEN

Mousse
200 g hochwertige dunkle Schokolade (50–70 % Kakaoanteil)
75 ml bestes Olivenöl
3 Eier (Größe L)
50 g brauner Rohrzucker
50 g weißer Zucker
200 g Sahne

Topping
75 g weißer Zucker
5 EL Pinienkerne
1 grüner Apfel (z. B. Granny Smith)
1 grüne Birne
1 Kiwi
1–2 Handvoll grüne Weintrauben (ohne Kerne)

Für die Mousse Schokolade grob hacken oder in Stücke brechen, in eine Schüssel geben und über dem heißen Wasserbad (die Schüssel darf das Wasser nicht berühren) langsam schmelzen, dann das Öl unterrühren. Zur Seite stellen und 15 Minuten abkühlen lassen.

Fürs Topping den weißen Zucker in einer Pfanne bei mittlerer Hitze ohne Rühren schmelzen lassen. Sobald sich die letzten Zuckerkristalle aufgelöst haben und der Zucker beginnt hellbraun zu werden, die Pinienkerne dazugeben und mit einem hitzebeständigen Löffel unterrühren (Vorsicht, der Zucker ist sehr heiß!). Auf eine Silikonbackmatte oder Backpapier gießen, dünn ausstreichen und hart werden lassen. Sobald der Krokant erkaltet ist, in Stücke brechen und entweder in einem Mixer grob zerkleinern oder in einen Gefrierbeutel geben und mit Hilfe des Nudelholzes zerbröseln. (In einem luftdichten Behälter hält sich der Krokant mehrere Tage.)

Zurück zur Schokoladenmousse: Eier trennen. Eigelbe zusammen mit dem Rohrzucker aufschlagen (von Hand oder mit dem Mixer), bis die Masse hell und cremig ist. In einer weiteren Schüssel die Eiweiße zusammen mit dem weißen Zucker steif schlagen, in einer dritten Schüssel die Sahne. Alles nacheinander behutsam unter die Schokolade rühren, zuerst die Eigelbmasse, dann den Eischnee, zuletzt die Sahne. In hübsche Förmchen oder Gläser füllen und abgedeckt im Kühlschrank in mindestens 4 Stunden fest werden lassen.

Erst kurz vorm Servieren Apfel und Birne waschen, beide werden ungeschält verwendet. Den Apfel vierteln und entkernen, dann in dünne Spalten schneiden und stifteln. Die Birne vierteln, entkernen und feinblättrig aufschneiden. Die Kiwi schälen, sechsteln und fein aufschneiden. Trauben waschen und je nach Größe (und Muße) halbieren oder in Scheiben schneiden. Obst mischen, über die Schokomousse geben und mit dem Pinienkernkrokant bestreuen.

TINTO-FUEGO-SORBET MIT APEROL

»Negroni«, das ist nicht nur ein Cocktail, sondern auch der Name einer der besten Bars in München. Gerademal fünf Minuten Fußmasch trennen uns von unserer Lieblingsbar, mitunter ein verhängnisvoller Umstand, nicht selten schon wurde aus einem kurzen Treffen eine lange Nacht. Die beiden charismatischen Inhaber Mauro und Michele sind wahre Meister ihres Fachs, und wenn sie nicht gerade Seminare geben oder für internationale Meisterschaften rund um den Globus jetten, dann mixen sie jedem Gast auch seinen ganz individuellen Cocktail, abgestimmt auf persönliche Wünsche. Neben ihrem legendären »Russian Satellite« liebe ich den fruchtigen, tiefroten »Tinto Fuego« – so sehr, dass er mein Vorbild für dieses fruchtige Sorbet wurde.

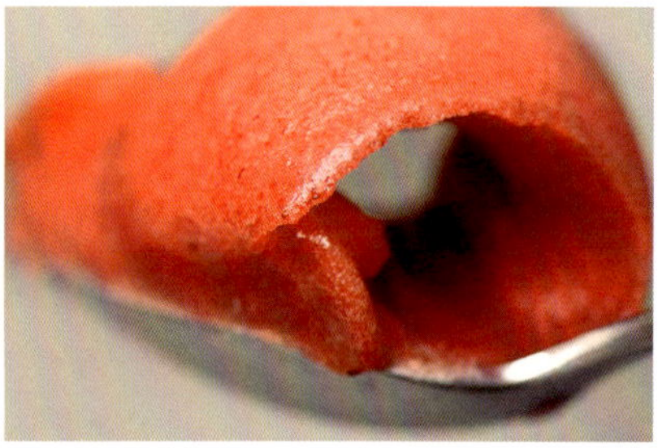

REICHT FüR 4–6
ZUBEREITUNGSZEIT: 20 MINUTEN PLUS 30 MINUTEN ABKüHLEN SOWIE DIE VORKüHL- UND TIEFKüHLZEIT

- 150 g brauner Rohrzucker
- 2 Bio-Limetten
- 300 g frische Erdbeeren (aufgetaute TK-Beeren gehen auch sehr gut)
- 100 ml Aperol (italienischer Bitter-Aperitif, ersatzweise Campari) plus etwas mehr zum Aufgießen

Deko

- einige Basilikumblätter
- 2–3 EL weißer Zucker
- Aperol zum Anfeuchten

1/8 l Wasser und Rohrzucker aufkochen, dabei ab und zu umrühren, bis sich alle Zuckerkristalle aufgelöst haben, und dann den Sirup vom Herd nehmen. Limetten heiß waschen und die Schale fein in den Sirup reiben. Den Limettensaft auspressen und ebenfalls zugeben. Den Sirup mindestens 30 Minuten ziehen und abkühlen lassen.

Dann die Erdbeeren waschen, entstielen und klein schneiden. Die Beeren pürieren, das Püree durch ein feines Sieb streichen (ohne die kleinen Kerne zergeht das Sorbet wirklich auf der Zunge). Den abgekühlten Zuckersirup ebenfalls durch ein Sieb gießen, um die Limettenschale zu entfernen, dann den Aperol und das Erdbeerpüree darunterrühren. Und nun das Ganze zum Sorbet werden lassen. Dafür gibt es zwei Möglichkeiten.

1. Mit der Eismaschine: Das Püree abgedeckt im Kühlschrank gut vorkühlen (mindestens 1 Stunde), dann gemäß Herstellerangaben in der Eismaschine gefrieren lassen.
2. Ohne Eismaschine: Das Püree am besten in ein breites, flaches Gefäß gießen und abgedeckt in das Gefrierfach stellen, bis daraus nach etwa 5 Stunden ein Sorbet geworden ist. Dabei immer im Ein-Stunden-Takt mit einer Gabel durchrühren, um die entstehenden Eiskristalle zu zerkleinern. Besonders cremig wird das bereits angefrorene Sorbet, wenn man es vor dem allerletzten Gefrierdurchgang noch einmal mit dem Pürierstab bearbeitet.

Möchte man das Sorbet in schönen Gläsern servieren, dann am besten stilvoll mit einem dekorativen Zuckerrand: Die Basilikumblätter im Mörser mit dem Zucker fein zerreiben, auf einen flachen Teller schütten. Glasränder mit einem in Aperol getauchten Finger anfeuchten und in den Kräuterzucker drücken. Dann die Gläser vorsichtig mit jeweils 1 Kugel Sorbet füllen und noch ein bisschen Aperol aufgießen.

KAISERSCHMARRN

Fragt man Oliver und mich nach unserer Lieblingsmehlspeise, dann antworten wir im Chor »Kaiserschmarrn!« Auch wenn einige bayerische Wirtschaften einen wunderbaren Schmarrn auf den Tisch bringen, selbst gebacken schmeckt er am allerbesten. Nach vielem Rumprobieren haben wir »unser Rezept« gefunden. Der Schmarrn bäckt ausschließlich auf dem Herd und kommt nicht in den Ofen (was ihn ein wenig kompakter macht), zum Schluss wird er dann bei ordentlicher Hitze mit reichlich Butter und Puderzucker goldbraun karamellisiert. Keinesfalls mit Butter und Zucker sparen, das wäre Frevel! Nur bei einem Punkt können wir uns nie einigen: mit Rosinen oder ohne?

REICHT FüR 2–3 ALS SüSSE HAUPTSPEISE ODER FüR 4 ALS DESSERT
ZUBEREITUNGSZEIT: 20 MINUTEN PLUS 30 MINUTEN QUELLEN UND EVENTUELL EINWEICHEN

50 g Rosinen (wer mag)
50 ml Rum (wer mag)
4–5 Eier (Größe L)
1 Vanilleschote
1/4 l Milch
2 EL Zucker
150 g Mehl
1 Prise Salz
75–100 g Butter
50 g Mandelblättchen
3 EL Puderzucker (plus noch etwas mehr zum Drüberstreuen)

Nach Gusto
Zwetschgenröster oder Apfelmus

Sollen Rosinen in den Schmarrn, dann diese 30 Minuten im Rum einweichen und anschließend in einem Sieb abtropfen lasssen.

Die Eier trennen. Die Vanilleschote der Länge nach aufschneiden, das Mark herauskratzen und zusammen mit Milch, Eigelben, 1 EL Zucker, Mehl und Salz zu einem glatten Teig verrühren (am besten von Hand) und etwa 30 Minuten quellen lassen. Danach Eiweiße mit übrigem Zucker zu steifem Schnee schlagen und behutsam unter den Teig heben.

Bei mittlerer Hitze die Hälfte der Butter in einer großen Pfanne (am besten antihaftbeschichtet) zerlassen. Den Teig hineingießen und glatt streichen, falls eingeweicht, die Rosinen darüber verteilen. So lange backen, bis die Unterseite goldbraun ist (nicht zu dunkel werden lassen!).

Dann diesen dicken Pfannkuchen mit zwei Holzlöffeln in mundgerechte Stücke zupfen. Die Mandelblättchen darüberstreuen, restliche Butter zwischen den Schmarrnstücken verteilen und alles großzügig mit Puderzucker bestäuben. Die Stücke immer wieder wenden und bei starker Hitze von allen Seiten goldbraun anbraten, bis der Zucker karamellisiert und die Mandeln knusprig sind.

Den Kaiserschmarrn sofort mit Zwetschgenröster oder Apfelmus servieren – noch einen Hauch Puderzucker darüber und fertig!

SEMIFREDDO MIT KÜRBISKERNKROKANT

Unter allen selbst gemachten Desserts gehört dieses Semifreddo zu meinen absoluten Lieblingsdesserts. Ganz schnell vorzubereiten. Kalt und cremig. Nussig und knusprig. Unwiderstehlicher Geschmack. Einfach perfekt!!! Wer jetzt irritiert ist wegen des Kürbiskernöls in der Zutatenliste – einfach ausprobieren, es sorgt für ein sensationelles Geschmackserlebnis.

REICHT FüR 4
ZUBEREITUNGSZEIT: 30 MINUTEN
PLUS 4 STUNDEN TIEFKüHLEN

60 g Kürbiskerne
40 g weißer Zucker
4 Eigelb (Größe L)
50 g brauner Rohrzucker
1 EL Cognac
2 EL Kürbiskernöl
200 g Sahne

Außerdem
4 Timbalförmchen (je etwa 100 ml Fassungsvermögen)

Die Kürbiskerne in einer Pfanne bei mittlerer Hitze trocken rösten, bis sie anfangen zu knacken und leicht Farbe bekommen. Aus der Pfanne nehmen. Den weißen Zucker in die Pfanne geben und ohne Rühren schmelzen lassen. Sobald sich die letzten Zuckerkristalle aufgelöst haben und der Zucker beginnt hellbraun zu werden, die Kürbiskerne mit einem hitzebeständigen Löffel unterrühren, bis sie gleichmäßig mit Karamell überzogen sind (Achtung, der Zucker wird sehr heiß!). Auf eine Silikonbackmatte oder Backpapier gießen, dünn ausstreichen und hart werden lassen. Sobald der Krokant erkaltet ist, in grobe Stücke brechen (einige für die Deko beiseitelegen), in einen Gefrierbeutel geben und mit Hilfe des Nudelholzes oder auch einer schweren Pfanne zu relativ feinem Krokant klopfen.

Eigelbe, Rohrzucker, Cognac und Öl in eine Metallschüssel geben, mit einem Scheebesen über dem heißen Wasserbad aufschlagen. Auch per Hand dauert dies selten länger als 4 Minuten, die Masse wird erst schaumig, dann cremig. Die Schüssel in eiskaltes Wasser setzen und so lange weiterschlagen, bis die Eiercreme kalt und leicht zäh geworden ist. Nun 50 g Kürbiskernkrokant unterrühren.

Sahne steif schlagen. Davon erst ein Drittel, schließlich den Rest vorsichtig unter die Krokantcreme heben, sie soll dabei schön luftig bleiben. Masse in die Timbalförmchen füllen und für mindestens 4 Stunden ins Gefrierfach stellen.

Förmchen vor dem Servieren einige Sekunden in heißes Wasser tauchen, dann mit einem Messer am Rand entlangfahren und das Semifreddo lösen, bevor man es auf Teller stürzt. Ein paar Minuten antauen lassen, mit restlichem Krokant bestreuen und servieren.

KAFFEE HOCH 2

Panna cotta ist neben dem oft allzu mächtigen Tiramisu der italienische Export-Schlager unter den Desserts, seine unerschöpfliche Wandlungsfähigkeit macht es zu einem meiner süßen Favoriten. Die »gekochte Sahne« lässt sich ganz wunderbar mit allerlei Aromen durchziehen, seien es Früchte der Saison, exotische Gewürze oder frische Kräuter. Durch Zugabe von röstfrischen Kaffeebohnen wird aus dieser Panna cotta beinahe ein großes Haferl Milchkaffee – zumindest was den Geschmack betrifft. Obendrein macht sie den obligatorischen Espresso nach dem Essen beinahe überflüssig.

Wenn ich – wie in diesem Rezept – die Panna cotta in hübschen Portionsförmchen servieren möchte, anstatt sie auf einen Teller zu stürzen, dann verwende ich möglichst wenig Gelatine und werde dafür mit einer zartschmelzenden Konsistenz belohnt. Es gehört für mich übrigens zum charakteristischen Bild einer Panna cotta, wenn sich das Vanillemark am Boden absetzt. Dies lässt sich aber leicht vermeiden, indem man die fertige Sahnemischung so lange gelieren lässt (dabei immer wieder mal umrühren), bis die kleinen schwarzen Samen nicht mehr auf den Boden sinken, und sie erst dann auf die Förmchen verteilt.

REICHT FüR 4
ZUBEREITUNGSZEIT: 30 MINUTEN
PLUS 5 STUNDEN KüHLEN

500 g Sahne
50 g brauner Rohrzucker
1 Vanilleschote
3 TL Kaffeebohnen
2 1/2 Blatt weiße Gelatine
100 ml Kaffeelikör (z.B. Kahlua)

Sahne und Zucker in einem Topf erhitzen. Die Vanilleschote der Länge nach aufschlitzen, das Mark mit dem Messer herauskratzen und zusammen mit der Schote zur Sahne geben. Die Kaffeebohnen im Mörser grob zerstoßen und ebenfalls zugeben. Sahne nun etwa 10 Minuten leicht köcheln lassen, dabei gelegentlich umrühren. In der Zwischenzeit 2 Gelatineblätter in einer Schüssel mit kaltem Wasser einweichen.

Dann den Topf vom Herd nehmen, die Sahne durch ein feines Sieb gießen und auffangen. Aufgeweichte Gelatineblätter ausdrücken und sorgfältig unter die heiße Sahne rühren, bis sie sich vollständig aufgelöst haben. In kleine Gläser oder Portionsschälchen füllen und zugedeckt im Kühlschrank fest werden lassen.

Nach etwa 3 Stunden ist die Panna cotta bereits so fest, dass man den Geleespiegel vorbereiten kann: Restliche Gelatine in kaltem Wasser einweichen, inzwischen den Likör in einem kleinen Topf erhitzen (aber nicht kochen lassen). Gelatine ausdrücken, im Likör unter Rühren auflösen. Den Likör 10 Minuten abkühlen lassen, dann vorsichtig mit einem Esslöffel auf der Panna cotta verteilen. Abgedeckt im Kühlschrank mindestens weitere 2 Stunden kalt stellen.

WOLKE SIEBEN

Diese Quarkmousse ist das perfekte Sommerdessert, luftig-leicht und mit nur wenigen Handgriffen zuzubereiten. Mit frischen, saisonalen Früchten bekommt es immer wieder ein neues Gewand. Durch Zuschriften einiger meiner Leser wurde mir überhaupt erst bewusst, dass Quark für uns zwar in jede Kühltheke gehört, zum Beispiel in den USA aber nur schwer erhältlich ist. Was konnte man da tun? Wenige Tage später hatte ich ein mindestens ebenso cremiges Mousse zubereitet, diesmal allerdings ohne Quark – sahniger griechischer Joghurt aus Kuhmilch ist der perfekte Ersatz!

REICHT FüR 4
ZUBEREITUNGSZEIT: 15 MINUTEN PLUS 6 STUNDEN KüHLEN (BESSER NOCH üBER NACHT)

Mousse
1 Vanilleschote
1 Bio-Zitrone
500 g Quark (gut sind 40 % Fett, mindestens aber 20 %, ersatzweise griechischer Jogurt)
50 g Zucker
200 g Sahne

Nach Gusto
frische Früchte
Schokoladenraspel

Außerdem
Mullbinde (aus der Apotheke)
Cœur-à-la-Crème-Förmchen oder ein großes Sieb

Für die Mousse die Vanilleschote der Länge nach aufschneiden, Mark mit dem Messer herauskratzen und in eine große Schüssel geben. Die Zitrone heiß waschen, die Schale fein abreiben und mit dem Quark und dem Zucker ebenfalls in die Schüssel füllen. Alles kräftig verrühren, bis sich die Zuckerkristalle aufgelöst haben.

Die Sahne in einer zweiten Schüssel steif schlagen und unter die Quarkmasse heben. Individuelle Dessertförmchen für Cœur à la Crème (Porzellanförmchen mit kleinen Löchern im Boden) oder ein großes Sieb gleichmäßig mit Mullbinden-Streifen auslegen und mit der Quarkmasse füllen, glatt streichen. Für mindestens 6 Stunden, besser über Nacht, abgedeckt in den Kühlschrank stellen und überschüssige Flüssigkeit abtropfen lassen. (Das Sieb hängt man dazu am besten in eine große Schüssel, die kleinen Förmchen stellt man in eine Auflauffom, damit die Flüssigkeit aufgefangen wird.)

Dann die kleinen Förmchen direkt auf Teller stürzen und die Mullbinde vorsichtig abziehen. Hat man die Quarkmousse im großen Sieb zubereitet, so stürzt man dieses auf ein Holzbrett und sticht dann mit einem Esslöffel von der Mousse individuelle Nocken ab. Nach Gusto mit frischen Früchten und Schokoraspeln servieren.

Variante: Für ein farbiges und besonders fruchtiges Quarkmousse gibt man 100–150 g frisches Fruchtpüree (z.B. von Himbeeren oder Erdbeeren) direkt zur Quarkmasse (noch vor dem Unterheben der Schlagsahne). Eventuell ist dann ein wenig mehr Zucker nötig, einfach probieren und dem eigenen Geschmack anpassen.

SCHNELLES KOKOSEIS MIT SAFRAN

Ein ähnliches Eis habe ich vor Jahren auf einer kleinen Malediven-Insel gegessen, und ich war vom ersten Löffel an süchtig. Was ich fälschlicherweise für Mango-Eiscreme gehalten hatte, schmeckte nach frischen Kokosnüssen und für seine leuchtend gelbe Farbe waren die darin enthaltenen roten Safranfäden verantwortlich, die erst beim Löffeln sichtbar wurden. Wieder zu Hause habe ich mich sofort ans Ausprobieren gemacht, herausgekommen ist dabei ein schnelles Kokoseis, das den perfekten Schlusspunkt hinter jedes asiatische Menü setzt und immer für Urlaubsstimmung sorgt.

REICHT FüR 3–4 (JE NACHDEM WIE GROSS DER »EISHUNGER« IST)
ZUBEREITUNGSZEIT: 15 MINUTEN PLUS DIE VORKüHL- UND TIEFKüHLZEIT

200 g Sahne
300 ml Kokosmilch
75–100 g Zucker
1/2 TL Safranfäden

Nach Gusto
exotische Früchte wie Ananas, Litschi und Passionsfrucht (nach Belieben klein geschnitten)
Kokoschips

Die Sahne zusammen mit der Kokosmilch in einen Topf geben. Den Zucker und die Safranfäden hinzufügen, alles zum Kochen bringen. Bei kleiner Hitze etwa 10 Minuten leicht köcheln lassen, dabei hin und wieder umrühren. Vom Herd nehmen und abkühlen lassen. Dann die Kokos-Safran-Sahne zu Eis werden lassen. Dafür gibt es zwei Möglichkeiten.

1. Mit der Eismaschine: Die Kokos-Safran-Sahne abgedeckt im Kühlschrank gut vorkühlen (mindestens 1 Stunde), dann gemäß Herstellerangaben in der Eismaschine gefrieren lassen.
2. Ohne Eismaschine: Die Kokos-Safran-Sahne am besten in ein breites, flaches Gefäß gießen und abgedeckt in das Gefrierfach stellen. Nach 1 Stunde aus dem Gefrierfach nehmen und entweder mit einem Schneebesen oder mit dem Pürierstab ordentlich durchrühren, um entstandene Eiskristalle zu zerkleinern. Dann zurück ins Gefrierfach geben und die Prozedur jede Stunde wiederholen, so lange bis das Eis cremig ist und die gewünschte Festigkeit bekommen hat. (Grundsätzlich funktioniert dies bei allen Eissorten, allerdings sind die Ergebnisse bei Sorbets wesentlich zufriedenstellender als bei Sahneeiscreme.)

Zum Servieren das Eis als Kugeln in Gläser oder Schälchen löffeln und ganz nach Lust und Laune mit exotischen Früchten und/oder Kokoschips garnieren.

KNUSPERZARTE HASELNUSSBLÄTTER

Ein feines Dessert ist für mich der wichtigste Gang bei einem guten Essen. Als letztes Gericht bleibt es am besten in Erinnerung, vor allem aber ist es seine alleinige Aufgabe unseren Gaumen zu verzücken – der Hunger ist zu diesem Zeitpunkt ja bereits gestillt. Trotzdem gibt es Menschen, die freiwillig auf ein Dessert verzichten und eine gute Käseplatte vorziehen. Reicht man dazu selbst gebackene hauchzarte Haselnussblätter, dann kann man sogar beide Seiten glücklich machen.

REICHT FüR 6–8 ALS SNACK
ZU EINER KäSEPLATTE
ZUBEREITUNGSZEIT: 20 MINUTEN
PLUS 14–16 MINUTEN BACKEN

100 g Haselnusskerne
50 g Zucker
1/4 TL feines Meersalz
20 g Mehl
3 Eiweiß (Größe L)

Den Backofen auf 175 °C (Umluft 160 °C) vorheizen. Die Nüsse bei mittlerer Hitze ohne Fett in einer Pfanne rösten, bis sie vereinzelt dunklere Stellen bekommen. Haselnüsse auf ein Geschirrtuch schütten und kurz abkühlen lassen, dann mit dem Tuch so lange kräftig abreiben, bis sich (fast) alle Schalen abgelöst haben. Die geschälten Nüsse in den elektrischen Zerhacker geben und grob hacken, ungefähr ein Fünftel davon abnehmen und für später zur Seite stellen, dann den Rest sehr fein mahlen.

Gemahlene Nüsse mit Zucker, Salz und Mehl in einer Schüssel vermengen. Die Eiweiße mit einer Gabel in einer separaten Schüssel kurz verschlagen, sodass sie eben beginnen schaumig zu werden (aber noch nicht steif), und unter die Nussmischung rühren.

Ein Backblech mit einer Silikonbackmatte oder mit Backpapier auslegen. Die Haselnussmasse auf das Blech streichen: Für eine gleichmäßige Form nimmt man Plätzchenausstecher zu Hilfe und pinselt sie mit Teig möglichst dünn aus. Zeitsparender ist es, eine große Teigplatte zu backen. Dazu das gesamte Blech hauchdünn mit der Nussmasse ausstreichen – mit einer Palette ist das ein Kinderspiel. Zuletzt die gehackten Nüsse gleichmäßig darüberstreuen.

Blech in den Ofen (Mitte) schieben. Die Nussmasse 14–16 Minuten backen, bis sie eine gleichmäßig braune Farbe angenommen hat, dann das Blech wieder aus dem Ofen ziehen. Kleinere Nussblätter nimmt man mit einem Pfannenwender ab, große Gebäckplatten stürzt man auf ein Brett und zieht Matte oder Backpapier vorsichtig ab. Haselnussblätter auf einem Kuchengitter vollständig auskühlen lassen, große Nussblätter danach in unregelmäßige Stücke brechen. In luftdichten Behältern bleiben sie einige Tage knusprig. Zu Käse und frischen Früchten servieren.

Inspiration – für eine passende Käseplatte: etwas Schnittkäse (z. B. Bergkäse aus dem Felsenkeller), Hartkäse (z. B. Pecorino), Weichkäse (z. B. Brie de Meaux), Blauschimmelkäse (z. B. Gorgonzola), Ziegenkäse (z. B. Valençay), frische Früchte wie Physalis, Feigen, Birnen oder Weintrauben, Nüsse und ein wenig Süßes (z. B. Marmelade, Chutney, Feigensenf)

HILUX
ΙΔ. ΧΡΗΣΗ
ΩΦ. 1180 ΑΠ. 1205
ΜΙΚ. 2385
ΕΔΡΑ ΠΡΑΣΙΝΑΔΑ

SUPER
MARKET

BOOTSTRIP IN GRIECHENLAND

Das Kochen an Bord war jeden Tag aufs Neue eine Herausforderung. Bei beachtlichem Wellengang und Temperaturen wie in einer finnischen Sauna bedurfte es schon einiges Geschick, um ein respektables Mittagessen für die hungrige Crew auf den Tisch zu bringen.

BOOTSTRIP IN GRIECHENLAND

Man konnte Ulrikes Begeisterung durchs Telefon hören. »Georg und Eri haben im Sommer für zwei Wochen eine Segel-Yacht gemietet, um in der Ägäis zu segeln, und jetzt rate mal ... ich komme mit!« Wie ein Wasserfall sprudelte es aus ihr heraus, und nachdem sie mir alle Details des geplanten Törns geschildert hatte, kam die Frage:

»Eine Koje ist noch frei, warum kommt Ihr denn nicht auch mit?«

Allen auftretenden Widrigkeiten zum Trotz trafen wir uns Ende Juli im Süden der griechischen Halbinsel Sithonia, um die »Sheria« von der alten Crew zu übernehmen. Mit Motorbooten schleppten wir Gepäck, Proviant und einen immensen Vorrat Trinkwasser an Bord, bevor Georg, unser Skipper, Kojen verteilte und uns das Boot erklärte. Wenig später lichteten wir den Anker und verließen die Bucht. Kein Wölkchen war auszumachen, der Himmel und das Meer strahlten in tiefen Blau- und Türkistönen um die Wette, und der Fahrtwind brachte die ersehnte Kühlung. Glückliche Gesichter wohin man blickte. Während aus dem Salon abwechselnd Amy Winehouse oder Sergio Mendes herauftönten, vertrieben wir uns an Deck die Zeit damit zu lesen und nach Delfinen Ausschau zu halten.

Und so erreichten wir nach wenigen Stunden den Hafen für die erste Nacht. Georg, der die Gegend von früheren Törns kannte, konnte uns bereits vom Ankerplatz aus die Taverne des kleinen Ortes zeigen. Hungrig wie wir waren, vertäuten wir die »Sheria« in Windeseile, um nur Minuten später auf der Terrasse der Taverne auf unseren ersten gemeinsamen Segelausflug anzustoßen. Und Georg hatte nicht zu viel versprochen, bald türmten sich viele Teller mit wunderbaren Mezés auf dem Tisch. Jeder probierte von jedem und fix waren unsere Favoriten gefunden, besonders das Tzatziki und der scharf gewürzte Saganaki (gebackener Schafkäse) hatten es allen angetan. Es folgten Grillplatten mit fangfrischem Fisch und Nachtisch aufs Haus – der Kellner überraschte uns mit riesigen Platten, über und über gefüllt mit ausgelösten Wassermelonenstücken. Erst lange nach Einbruch der Dunkelheit kehrten wir zurück an Bord, nicht ohne den obligatorischen Absacker bei Mondschein zu trinken.

Kaum fielen die ersten Sonnenstrahlen durch die Fenster, krochen die Frühaufsteher unserer achtköpfigen Crew aus ihren Kojen. Im Hafen hatte geschäftiges Treiben begonnen, und so machten wir uns auf die Suche nach dem einzigen Laden im Dorf.

Supermärkte in fremden Ländern üben eine magische Faszination auf mich aus, es riecht dort anders als in unseren, die Verpackungen haben ein unterschiedliches Design und es gibt stets ein paar Dinge zu entdecken, die ich noch nicht kenne.

Der kleine Dorfsupermarkt lag ganz am Ende des Hafens und ähnelte einem verschrobenen Tante-Emma-Laden. Überglücklich deckte ich mich dort mit Mastix (Gewürz-Harz von Pistazienbäumen) ein, während Ulrike und Oliver das Regal mit Pistazienkrokant plünderten und Sabine sich um die wesentlichen Dinge wie frischen Joghurt, Brot, Gebäck, Eier und Obst kümmerte. Zurück an Bord drängten sich alle um die winzige Küche, bis wenig später eine Pfanne mit dampfenden Rühreiern und eine riesige Schüssel mit geschnippelten Früchten und Joghurt auf den Tisch kamen und Georg schon von unserem nächsten Ziel schwärmte, einer einsamen Bucht mit glasklarem Wasser. Dazu umsegelten wir die zweite Fingerspitze von Chalkidiki und konnten aus der Ferne die beeindruckende Silhouette des heiligen Berges Athos bestaunen. Nach einem halben Tag gen Norden war Vouvourou dann erreicht und unser Skipper hatte recht behalten: Das Wasser der Bucht strahlte türkis und weit und breit war keine einzige Menschenseele zu sehen. Beherzt sprangen wir ins Wasser und waren uns einig, dass es an keinem Ort dieser Erde gerade schöner sein konnte.

Χερ. Σιθωνία
Cher. Sithonia

IN FOLIE GEBACKENER SCHAFKÄSE

Da wir bei jedem Landgang ausgiebig der griechischen Küche frönten (von gebackenem Schafkäse und echtem griechischen Salat etwa konnten wir gar nicht genug bekommen), gab es in unserer Bordküche nur ein schnelles und unkompliziertes Kontrastprogramm: Wer schon mal auf schwankenden anderthalb Quadratmetern bei gefühlten 50 Grad Raumtemperatur mit einem kardanisch aufgehängten Gasherd gekämpft hat, der überlegt sich jedes Mal sehr genau, was er der hungrigen Crew vorsetzen möchte. Meist hieß das Zauberwort Pasta – je einfacher, desto besser! Doch auch hier war einiges an Improvisationstalent gefragt, große Töpfe und Pfannen waren nämlich Mangelware an Bord der »Sheria«. Sehr wahrscheinlich hätten wir den Zorn der italienischen Pasta-Götter auf uns gezogen, wenn sie gesehen hätten, mit wie wenig Wasser wir ein ganzes Kilo Nudeln al dente bekamen, die zum Ende der Kochzeit bereits über den Topfrand quollen – geschmeckt hat es allen trotzdem ganz famos.

ZUTATEN

Für 4: Alufolie | 4 gut fingerdicke Scheiben Feta (Schafkäse) | frisch gemahlener Pfeffer | gemahlener Kreuzkümmel (wer mag) | Oregano (getrocknet oder frisch gehackt) | 4–6 Knoblauchzehen | 1–2 große rote Chilischoten | 2 Peperoni | 100 g Kalamata-Oliven | 200 g Kirschtomaten (am besten noch an der Rispe) | Olivenöl zum Beträufeln | Fladenbrot zum Auftunken

ZUBEREITUNG

Den Backofen auf 200 °C (Umluft180 °C) vorheizen. Von der Alufolienrolle für jede Portion ein Stück abtrennen (mindestens 30 x 30 cm).

Auf jedes Folienstück mittig 1 Scheibe Feta legen. Mit Pfeffer, Kreuzkümmel (wer mag) und Oregano würzen. Knoblauchzehen, fein hacken und über den Feta geben. Die Chilis und Peperoni waschen, entstielen und je nach gewünschtem Schärfegrad mit Kernen oder (mit wird's schärfer) fein hacken oder in Ringe schneiden und ebenfalls über dem Feta verteilen. Oliven dazugeben und jedes Käsestück mit 1 kleinen Rispe Tomaten besetzen, dann alles mit einem großzügigen Schuss Öl beträufeln.

Nun die Alufolie locker über allem zusammenschlagen und zu einem luftdichten Päckchen verschließen. Auf einem Blech in der Mitte des Ofens etwa 20 Minuten backen, der Feta hat dann die verschiedenen Aromen aufgenommen und ist wunderbar weich. Den herrlich würzigen Olivenöl-Feta-Sud unbedingt mit Fladenbrot auftunken!

13

JOGHURT MIT HONIG UND GERÖSTETEN NÜSSEN

Seit wir in München gegenüber einem griechischen Gemüsehändler wohnen, sind wir süchtig nach griechischem Sahnejoghurt. Besonders mild im Geschmack und extra sahnig ist er meine unangefochtene Nummer 1 unter den Joghurts, manchmal darf es sogar der aus Ziegenmilch sein. Mit etwas kräftigem Honig und einer Handvoll gerösteten Nüssen ist er ein schnelles Frühstücks-Highlight.

ZUTATEN

Für 4: 100 g Nussmischung (Walnüsse, Pinienkerne, Mandeln, Haselnüsse, Pistazien, Kürbiskerne) | 600 g griechischer Sahnejoghurt | 8 EL flüssiger Honig

ZUBEREITUNG

Große Nüsse grob hacken, dann die Nussmischung in einer Pfanne bei mittlerer Hitze ohne Fett kurz anrösten. Den Joghurt durchrühren, dann in kleine Schälchen (oder alte Joghurtgläschen) füllen und den Honig und die Nüsse darübergeben.

GRIECHISCHER SALAT

Selbst die einfachsten Gerichte schmecken im Urlaub einfach besser. Das mag sicher an all den neuen Eindrücken liegen, außerdem genießt es sich ohne Alltagsstress leichter. Auch die frisch verfügbaren Zutaten sind ganz entscheidend. Möchte man einen wirklich authentischen griechischen Salat zubereiten, dann sind die schmackhaftesten Tomaten gerade gut genug. Wer einen griechischen Feinkosthändler in der Nähe hat, sollte unbedingt dessen Feta und Oliven ausprobieren.

ZUTATEN

Für 4: 1 große Salatgurke | 1 große rote Zwiebel | 3–4 Eiertomaten | 250 g Feta (Schafkäse) | 100 g Kalamata-Oliven | zum Anmachen: Meersalz, frisch gemahlener schwarzer Pfeffer, reichlich bestes Olivenöl und Weißweinessig, getrockneter Oregano (wer mag) | Fladenbrot

ZUBEREITUNG

Gurke schälen, längs halbieren und quer in dicke Scheiben schneiden. Zwiebel schälen, halbieren und in dickere Scheiben schneiden. Die Tomaten waschen und in dicke Scheiben oder grobe Stücke schneiden, dabei die Stielansätze entfernen. Den Feta grob würfeln oder in Stücke brechen. Vorbereitete Zutaten in Salatschüsseln anrichten und mit den Oliven dekorieren.

Den Salat direkt am Tisch anmachen – mit Meersalz (vorsichtig dosieren, der Feta ist bereits recht salzig), Pfeffer, Olivenöl sowie Weißweinessig und Oregano (wer mag). Dazu gibt's Fladenbrot.

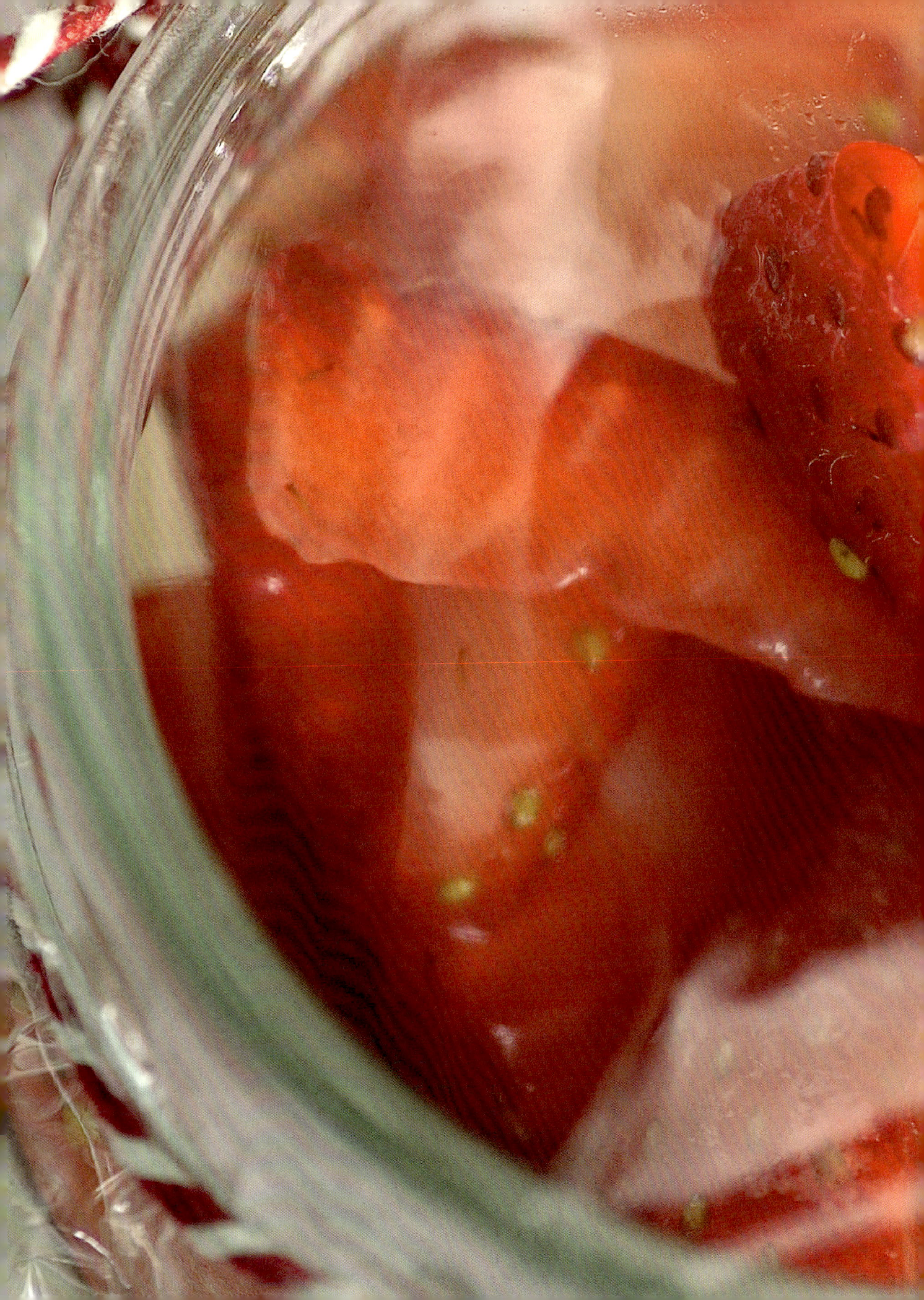

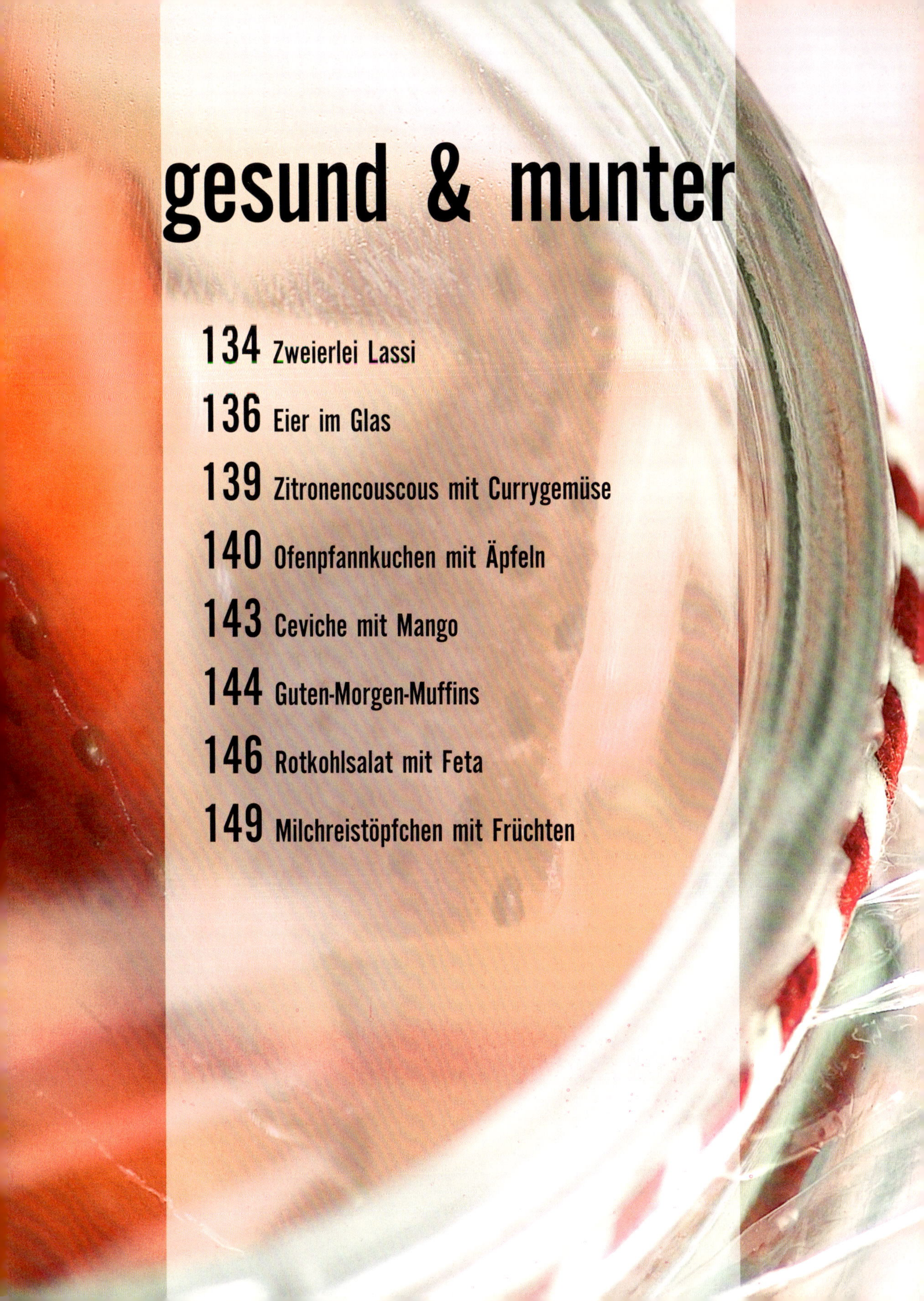

gesund & munter

ZWEIERLEI LASSI

Lassi, der bekömmliche Joghurt-Drink, den man vor allem in indischen Restaurants bekommt, lindert nicht nur die Schärfe asiatischer Speisen, er eignet sich auch vorzüglich als Frühstücksbegleiter oder zur Erfrischung zwischendurch. Jenseits vom klassischen Mango-Lassi gibt es unzählige Varianten, die es lohnt auszuprobieren.

Gerade wenn ich ein richtig scharfes Curry koche, dann steht immer mindestens ein großer Krug Lassi mit auf dem Tisch – und fungiert so als persönlicher Feuerlöscher für die empfindsameren Gaumen mancher unserer Gäste.

REICHT FüR JE 4
ZUBEREITUNGSZEIT:
JE 10 MINUTEN

Blüten-Lassi

1 Vanilleschote
3 grüne Kardamomkapseln
600 g Naturjoghurt
5 EL Zucker (nach Geschmack auch mehr)
3–5 Eiswürfel
5 EL Holunderblütensirup (nach Geschmack auch mehr)

Mandarinen-Lassi

6–8 Mandarinen
600 g Naturjoghurt
5 EL Zucker (nach Geschmack auch mehr)
3–5 Eiswürfel

Blüten-Lassi

Die Vanilleschote der Länge nach aufschlitzen und das Mark mit einem kleinen Messer herauskratzen. Die Kardamomkapseln aufbrechen, die kleinen schwarzen Kerne herauslösen und im Mörser fein mahlen.

Vanillemark und gemahlenen Kardamom mit Naturjoghurt, Zucker, 300 ml kaltem Wasser (wer mag, kann auch stilles Mineralwasser nehmen), Eiswürfeln und dem Holunderblütensirup im Standmixer schaumig aufmixen. Abschmecken, eventuell nachsüßen, in Gläser füllen und sofort kalt servieren.

Mandarinen-Lassi

Die Mandarinen halbieren und auspressen, es sollten 300 ml Saft werden. Zusammen mit dem Naturjoghurt, dem Zucker und den Eiswürfeln im Standmixer schaumig aufmixen. Abschmecken und eventuell nachsüßen, in Gläser füllen und sofort kalt servieren.

EIER IM GLAS

sind nichts anderes als Frühstückseier, die schon gepellt im Glas auf den Tisch kommen, erst eine schmackhafte Zugabe macht sie zu etwas ganz Besonderem. Das Pellen erfordert einiges an Fingerspitzengefühl, damit man sich a) nicht die Finger verbrennt und b) das wabbelig-weiche Ei nicht verletzt – was auch mir immer wieder mal passiert. Leider sind gerade die frischesten Eier, die hierfür am besten sind, am schwierigsten von der Schale zu befreien – auch das Abschrecken mit kaltem Wasser schont mehr die Finger, als es das Schälen tatsächlich leichter macht. Trotzdem: Die Mühe lohnt sich! Und toppen lässt sich das gepellte Ei mit einer Vielzahl von Zutaten – von asiatisch über würzig bis edel. Wobei mein persönlicher Favorit, Migas con chorizo, kaum zu schlagen sein dürfte ...

REICHT FüR 1
ZUBEREITUNGSZEIT:
JE 15–20 MINUTEN

Topping: Migas con chorizo

1/2 kleine Scheibe Roggenmischbrot (vom Vortag, Weißbrot ginge auch)
1 Stück Chorizo (2–3 cm)
1 TL Olivenöl
mittelscharfes, geräuchertes Paprikapulver (Pimentón de la Vera) oder Cayennepfeffer

oder

Topping: Toast mit Hummerbutter

1 Scheibe Toastbrot
1 TL Hummerbutter (Feinkostladen)
1 TL Forellenkaviar

plus

Basis, Deko, Würze

1 ganz frisches Bio-Ei (Größe M)
Gartenkresse zum Garnieren
feines Meersalz

Toppings

Entweder für Migas con chorizo das Brot und die Chorizo sehr fein würfeln. Das Olivenöl in einer Pfanne erhitzen und darin die Würfel bei mittlerer Hitze in einigen Minuten kross anbraten. Ein wenig geräuchertes Paprikapulver oder Cayennepfeffer darüberstäuben.

Oder für Toast mit Hummerbutter die Brotscheibe in fingerdicke Streifen schneiden. Butter in einer Pfanne zerlassen, darin die Toaststreifen bei mittlerer Hitze von beiden Seiten knusprig braten.

Die Basis

Einen Topf mit reichlich Wasser zum Kochen bringen. Das Ei am Boden anpiksen und mit Hilfe eines Esslöffels vorsichtig in das köchelnde Wasser gleiten lassen. Ei nach persönlichem Geschmack wachsweich (5–6 Minuten) oder fast hart (7–8 Minuten) kochen.

Dann das Ei mit dem Esslöffel wieder aus dem Topf nehmen und unter fließendem kalten Wasser abschrecken. Nun sind saubere Hände und ein wenig Fingerspitzengefühl gefragt: Das Ei auf der Arbeitsplatte rundherum ganz leicht anschlagen, sodass die Schale Risse bekommt, und schälen (nicht verzweifeln, wenn es nicht schon beim ersten Ei perfekt klappt!).

Vollendung

Das Ei möglichst unverletzt in ein Glas legen und das gewählte Topping dazugeben. Beim Toast mit Hummerbutter den Forellenkavier nicht vergessen. Alles mit der Gartenkresse garnieren und sofort servieren. Meersalz zum Würzen am Tisch dazu reichen.

ZITRONENCOUSCOUS MIT CURRYGEMÜSE

Auch jenseits von Tabbouleh lässt sich Couscous zu vielen reizvollen Salatvarianten verarbeiten, die warm wie auch kalt ein Genuss sind. Meine Lieblingsmischung aus knackigem Currygemüse und zitronigem Couscous findet bei jedem Brunch oder Picknick schnell Freunde. Und obwohl ich mir jedes Mal vornehme, eine extra Portion davon zuzubereiten, damit ich mich am nächsten Tag über die Reste hermachen kann, so ist selbst dann – ich schwöre – noch niemals ein Couscous-Krümel für später übrig geblieben.

REICHT FüR 4
ZUBEREITUNGSZEIT: 30 MINUTEN

2 kleinere Zwiebeln
1 Möhre
1 Zucchino
12 Stangen grüner Spargel
2 Frühlingszwiebeln
1/2 große rote Chilischote
2 Bio-Zitronen
300 g Instant-Couscous
feines Meersalz
2 EL Olivenöl (plus etwas mehr zum Abschmecken)
3–4 EL Pinienkerne
frisch gemahlener schwarzer Pfeffer
1 TL Zucker
1 TL Currypulver
Cayennepfeffer (wer mag)
4 EL griechischer Naturjoghurt oder saure Sahne

Gemüse vorbereiten: Zwiebeln schälen, halbieren und in dünne Spalten schneiden. Die Möhre waschen (falls nötig schälen), putzen und in dünne Scheiben schneiden. Den Zucchino waschen, putzen und fein würfeln. Den Spargel waschen, die holzigen Enden großzügig abschneiden und die Stangen schräg in kleinfingerdicke Scheiben schneiden. Frühlingszwiebeln waschen, die dunkelgrünen Enden und die Wurzeln entfernen, die Frühlingszwiebeln in dünne Ringe schneiden. Die Chili waschen, entstielen und fein schneiden.

Die Zitronen heiß waschen und die Schale fein abreiben, den Saft auspressen. 350 ml Wasser aufkochen und den Couscous in einer Schüssel damit übergießen, Zitronensaft und -schale dazugeben, salzen, umrühren und etwa 10 Minuten quellen lassen.

Das Olivenöl in einer großen Pfanne erhitzen. Darin die Zwiebeln bei mittlerer Hitze anrösten, bis sie ein wenig Farbe annehmen, dann die Pinienkerne und das restliche Gemüse dazugeben und in 8–10 Minuten bissfest braten, dabei regelmäßig umrühren. Mit Salz, Pfeffer, Zucker, Currypulver und Cayennepfeffer (wer mag) würzig abschmecken.

Couscous mit einer Gabel auflockern, zum Gemüse in die Pfanne geben und alles vermengen. Noch einmal abschmecken und etwas Olivenöl darüberträufeln. Warm oder kalt mit Joghurt oder saurer Sahne servieren.

OFENPFANNKUCHEN MIT ÄPFELN

Wenn die Sonne durchs Küchenfenster blinzelt und ich Lust auf ein ganz besonderes Frühstück habe, dann muss es dieses Rezept sein! Die Zutaten hat man eigentlich immer im Haus, und trotzdem: Das, was da aus dem Ofen kommt, verströmt nicht nur einen sagenhaften Duft, luftig aufgepufft gleich einem Soufflé adelt es jeden Frühstückstisch. Erlaubt: Vor der Ofentüre stehen und durchs Fenster spitzen, wie der Pfannkuchen sich über den Pfannenrand streckt. Nicht erlaubt: Ofentüre zum Nachschauen öffnen!

ERGIBT 4 STüCK (JE 20 CM Ø)
ZUBEREITUNGSZEIT: 5 MINUTEN
PLUS JE PFANNKUCHEN 25 MINUTEN
BACKEN

1/4 l Milch
150 g Mehl
1 Prise Salz
2 EL Zucker
1/4 TL Zimtpulver
4 Eier (Größe L)
2 kleine Äpfel
4 TL Butter

Nach Gusto
Puderzucker zum Bestäuben
Butterflöckchen zum Belegen
Ahornsirup zum Beträufeln

Den Backofen auf 200 °C (Umluft 180 °C) vorheizen. Für den Pfannkuchenteig Milch, Mehl, Salz, Zucker, Zimt und Eier von Hand oder mit den Schneebesen des Handmixers glatt rühren. Der Teig soll keine Klümpchen haben, aber auch keinesfalls länger geschlagen werden, als unbedingt nötig.

1 Apfel halbieren, eine Hälfte schälen und entkernen, dann in Spalten schneiden und klein stifteln. (Immer nur die unmittelbar benötigte Apfelmenge für 1 Pfannkuchen aufschneiden, sonst laufen die Apfelstifte unschön braun an.)

1 TL Butter in einer kleinen Pfanne (20 cm Ø; am besten eignet sich eine schwere, gusseiserne) erhitzen und die Apfelstifte dazugeben. Ein Viertel der Teigmenge fingerdick in die Pfanne gießen und glatt streichen. In den Ofen schieben (Mitte) und den Pfannkuchen in etwa 20 Minuten goldbraun backen. Er pufft wunderbar auf und gehört dann auch sofort auf den Tisch, da er ähnlich einem Soufflé ebenso schnell zusammenfällt. Nach Gusto mit Puderzucker, Butterflöckchen und Ahornsirup genießen.

Mit den übrigen Äpfeln und dem restlichen Teig ebenso verfahren und weitere Ofenpfannkuchen backen.

CEVICHE MIT MANGO

Ceviche (sprich: Se-wi-tsche) ist sowas wie ein Nationalgericht auf dem süd- und mittelamerikanischen Kontinent, in unzähligen Varianten und regionalen Ausprägungen wird ganz frischer, roher Fisch dafür in Zitrussäure »gegart«. Der dabei entstandenen Marinade »Leche de Tigre« (Tigermilch) schreibt man nicht nur eine aphrodisierende Wirkung zu, sie soll auch bei einem Kater wahre Wunder bewirken.

Für mich ist dieses Ceviche-Rezept, das unglaublich viele meiner Lieblingsaromen enthält, einfach nur die wohlschmeckendste Art Fisch kalt zu genießen.

REICHT FüR 4
ZUBEREITUNGSZEIT: 30 MINUTEN
PLUS 2 STUNDEN MARINIEREN

Ceviche

8 ganz frische, ausgelöste Jakobsmuscheln
200 g ganz frisches Weißfischfilet (z.B. Kabeljau oder Dorade)
1 Stück frischer Ingwer (etwa 1 cm)
1/2–1 große rote Chilischote
4 Limetten (davon 2 Bio-Limetten)
1 Mango
1 Avocado
1 Schalotte
1/4 Bund Koriandergrün
feines Meersalz
frisch gemahlener schwarzer Pfeffer
2–3 EL Olivenöl

Brotchips

150 g Baguette (vom Vortag)
1 Spritzer Olivenöl

Die Muscheln und das Fischfilet waschen und mit Küchenpapier trockentupfen. Muscheln etwa 1 cm groß würfeln. Ingwer schälen, fein reiben und zusammen mit den Muscheln in eine Schüssel geben. Chili waschen, entstielen und fein hacken. Eventuell noch vorhandene Gräten des Fischfilets entfernen, dann ebenfalls in 1 cm große Würfel schneiden und zusammen mit der Chili in eine weitere Schüssel füllen. Bio-Limetten heiß waschen und die Schale fein abreiben, alle Limetten auspressen. Saft sowie Schale auf die beiden Schüsseln verteilen, kurz umrühren und abgedeckt im Kühlschrank etwa 2 Stunden marinieren lassen.

Dann die Mango aufrecht auf ein Küchenbrett stellen und rechts und links vom Kern beide Seiten dicht abschneiden. Nun jeweils ein gleichmäßiges Gitter ins Fruchtfleisch schneiden, dabei bis zur Schale schneiden, diese aber nicht durchtrennen. Nun lassen sich die Mangohälften »umstülpen« und man kann die einzelnen Würfel ganz leicht von der Schale schneiden. Das übrige Mangofleisch am Kern ebenfalls schälen und würfeln. Avocado halbieren, entkernen, schälen und klein würfeln. Die Schalotte schälen und in feine Ringe schneiden. Alles in eine Schüssel füllen. Koriander waschen, trockenschütteln, fein hacken (es sollten etwa 2 EL sein) und dazugeben.

Fischfilet und Muscheln aus dem Kühlschrank nehmen, in ein Sieb geben und abtropfen lassen, dabei die Marinaden auffangen. Filet und Muscheln zu den vorbereiteten Früchten geben. Ceviche mit Salz, Pfeffer, Öl und etwas Marinade abschmecken.

Dazu passen Brotchips: Baguette in möglichst dünne Scheiben schneiden. Olivenöl in einer Pfanne erhitzen, die Brotscheiben bei mittlerer bis starker Hitze darin auf beiden Seiten knusprig rösten.

GUTEN-MORGEN-MUFFINS

Diese Muffins sind ein ganz typisches Beispiel dafür, wie meine eigenen Rezepte entstehen. In Gedanken hatte ich mir einen saftigen, fruchtigen Muffin ausgemalt, der mit einem Glas kalter Milch oder Saft perfekt für ein schnelles Frühstück wäre. Ich begann mit einer Kombination aus Datteln und Bananen, probierte Joghurt als Hauptzutat und gehackte Trockenfrüchte. Nach drei oder vier doch recht durchschnittlichen Backergebnissen waren aus den Datteln ein Apfel und aus den Bananen Möhren geworden, und auch der Joghurt war irgendwo auf der Strecke geblieben. Aber erst die Zugabe von gerösteten Haselnüssen machte meine neue Mischung perfekt. Das Urteil meiner Freundin Kristin war knapp: »So müssen Muffins schmecken!«

ERGIBT 12 STüCK
ZUBEREITUNGSZEIT: 20 MINUTEN
PLUS 30–35 MINUTEN BACKEN

80 g gemahlene Haselnüsse
2–3 EL Haselnusskerne
175 g Mehl
2 TL Backpulver
1 Prise Salz
1 Prise Zimtpulver
200 g Möhren
1 kleiner Apfel
2 Eier (Größe L)
150 g brauner Rohrzucker
100 g Sonnenblumenöl

Außerdem
Blech für 12 Muffins
12 Papierförmchen für das Muffinblech

Den Backofen auf 180 °C (Umluft 160 °C) vorheizen. Gemahlene Haselnüsse bei mittlerer Hitze trocken in der Pfanne anrösten, bis sie leicht Farbe annehmen und duften, dann abkühlen lassen. Die Haselnusskerne grob hacken oder in einen Gefrierbeutel geben und ein paar Mal mit einer schweren Pfanne daraufschlagen. Mehl, Backpulver, Salz und Zimt in einer Schüssel vermischen. Die Möhren waschen (falls nötig schälen), putzen und fein reiben. Den Apfel vierteln, entkernen, schälen und fein stifteln.

Eier, Rohrzucker und Öl mit den Schneebesen des Handrührgeräts schaumig schlagen (2–3 Minuten), dann gemahlene Haselnüsse, geriebene Möhren (inklusive ausgetretenem Saft) und den Apfel unterrühren, zum Schluss das Mehl zugeben. Jetzt nur so lange weiterrühren, bis alle Zutaten eben vermengt sind.

Muffinblech mit Papierförmchen auslegen. Mit Hilfe von zwei Esslöffeln bis knapp unter den Rand mit Teig füllen, mit den groben Haselnussstückchen bestreuen. Im Ofen 30–35 Minuten auf der mittleren Schiene backen, bis die Muffins schön aufgegangen sind und ein wenig Farbe angenommen haben. Mit einem Holzstäbchen in der Mitte anstechen: Bleibt kein Teig mehr daran kleben, sind die Muffins fertig gebacken. Aus dem Ofen nehmen, einige Minuten abkühlen lassen, dann aus der Form lösen. Lauwarm oder kalt essen – sie schmecken auch am nächsten Tag noch sehr saftig.

ROTKOHLSALAT MIT FETA

Abgesehen von der traditionellen Beilage zur alljährlichen Weihnachtsgans wurde Rotkohl auch in meiner Küche ziemlich lange stiefmütterlich behandelt, dabei ist dieser bunte Kohlkopf so vielseitig und gesund. Er eignet sich erstaunlich gut für jede Art von knackiger Rohkost, wichtig ist nur, dass man ihn ordenlich durchziehen lässt, denn das macht ihn bekömmlicher. Mit Obst und Feta wird daraus ein farbenfroher Salat, den man toll mitnehmen kann – sei es zu einem unserer traditionellen Picknicks an der Isar oder als Snack für einen langen Tag vorm Computer.

REICHT FüR 4
ZUBEREITUNGSZEIT: 20 MINUTEN
PLUS 1 STUNDE MARINIEREN

1 kleiner Kopf Rotkohl (etwa 300 g)
1 Knolle Fenchel (mit dem Grün)
1 säuerlicher Apfel
3 Orangen (davon 1 Bio-Orange)
3 EL Weißweinessig
1 Prise feines Meersalz
1 TL Zucker
frisch gemahlener weißer Pfeffer
100 ml Rapsöl
100 g Schafkäse

Die äußeren Blätter des Rotkohls entfernen. Den Kohl durch den Strunk vierteln und den Strunk jeweils keilförmig herausschneiden. Kohlviertel fein schneiden oder hobeln. Den Fenchel waschen, das Grün abschneiden und zur späteren Verwendung beiseitelegen. Dann die Knolle vierteln und ebenfalls in feine Scheiben schneiden oder hobeln. Apfel vierteln, entkernen, schälen und grob raspeln. All diese Salatzutaten in einer Schüssel mischen.

Für das Dressing die Bio-Orange heiß waschen und die Schale fein abreiben, danach die Frucht halbieren und den Saft auspressen. Schale und Saft zusammen mit Essig, Salz, Zucker, Pfeffer und Rapsöl gründlich verrühren. Das Dressing über den vorbereiteten Salat geben und etwa 1 Stunde abgedeckt im Kühlschrank marinieren lassen, dabei nach 30 Minuten alles einmal durchmischen.

Dann die restlichen beiden Orangen mit einem scharfen Messer dick schälen, sodass auch die weiße Haut mit entfernt wird. Nun die einzelnen Fruchtsegmente zwischen den Trennwänden herausschneiden, dabei den austretenden Saft auffangen und über den durchgezogenen Salat gießen. Das Fenchelgrün fein hacken. Den Salat anrichten, den Schafkäse darüberkrümeln und mit Orangenfilets und Fenchelgrün garnieren.

MILCHREISTÖPFCHEN MIT FRÜCHTEN

Vielleicht ist das Prinzip ein ähnliches wie beim Kindchenschema, Jedenfalls habe ich eine Schwäche für alles, was in schmucken Serviergläschen daherkommt. Deswegen stapelt sich in unserem Küchenschrank mittlerweile eine bedenkliche Menge alter Joghurtgläschen, in denen ich gerne Desserts oder selbst gemachte Früchtejoghurts anrichte. Dieses Rezept für einen besonders cremigen Milchreis peppt nicht nur einen Brunch auf, sondern hält sich als süßer Snack auch ein paar Tage im Kühlschrank – am besten natürlich in individuellen Gläschen!

ERGIBT 8–10 GLäSCHEN (JE ETWA 120 ML FASSUNGSVERMöGEN)
ZUBEREITUNGSZEIT: 30 MINUTEN FüR DEN REIS
PLUS 10–15 MINUTEN JE TOPPING

Milchreis

1 Vanilleschote
1 l Milch (eventuell etwas mehr)
50 g Zucker
1 Prise Salz
200 g Milchreis
100 g Sahne

plus

Topping »Erdbeere«

200 g Erdbeeren
2–3 EL Vanillezucker
1 EL Zitronensaft

oder

Topping »Karamellapfel«

2 Äpfel
75 g Zucker
150 g Sahne
1/4 TL Zimtpulver

Milchreis
Vanilleschote der Länge nach aufschlitzen, das Mark herauskratzen. Die Milch mit Vanillemark und -schote, Zucker und Salz in einem großen Topf aufkochen. Reis einrühren und bei schwacher Hitze (regelmäßiges Umrühren nicht vergessen, damit nichts am Boden haften bleibt) quellen lassen. Wird die Masse zu fest, noch etwas Milch zugießen.

Sobald der Reis weich ist (nach 20 Minuten bereits den ersten »Bisstest« machen), Vanilleschote entfernen und die Sahne unterrühren. Der Reis sollte nun eine weich-fließende Konsistenz haben, damit er auch kalt noch schön sämig ist. Abkühlen lassen.

Toppings
Entweder die Erdbeeren waschen, trockentupfen, entkelchen und klein schneiden. Dann mit dem Vanillezucker und Zitronensaft vermengen und 5 Minuten durchziehen lassen.

Oder die Äpfel vierteln, entkernen und schälen, dann klein würfeln. Den Zucker in einer großen Pfanne ohne Rühren bei mittlerer Hitze goldgelb karamellisieren lassen. Sahne unter Rühren dazugeben (nicht erschrecken, wenn es kurz aufschäumt) und den Karamell glatt rühren. Mit Zimt würzen, die Äpfel zugeben und 3–5 Minuten bei schwacher Hitze ziehen lassen.

Vollendung
Entweder die Gläschen zuerst mit dem Milchreis füllen und dann die marinierten Erdbeeren darauf verteilen. Oder die Karamelläpfel in die Gläschen geben und zum Schluss den Reis daraufsetzen.

Tipp: Ein Marmelade-Einfülltrichter macht das Befüllen enger Gläschen leichter und verhindert ein Kleckern.

FREUNDSCHAFT
geht durch den Magen

FREUNDSCHAFT GEHT DURCH DEN MAGEN

Was tun, wenn man von seiner Familie tausende von Kilometern entfernt, ja vielleicht sogar auf einem anderen Kontinent lebt und arbeitet? Man braucht gute Freunde, die mit einem durch dick und dünn gehen, die die eigenen Interessen teilen und fast so was wie eine Ersatzfamilie für einen sind. Ganz ähnlich muss unser amerikanischer Freund Craig gedacht haben, als er – lange bevor wir ihn kennenlernten – in Wien mit ein paar Arbeitskollegen eine Art Kinostammtisch ins Leben rief. Als es Craig und seine Freundin Dagi durch einen Jobwechsel nach München verschlug, tat dies ihrer Filmleidenschaft keinen Abbruch. Auch hier fand sich ein Kino, das englische Sneak Previews im Programm hatte, und auch hier ließen sich die neuen Arbeitskollegen schnell von der Stammtischidee begeistern.

Der Freitagabend wurde zum fixen Termin, eine wachsende Schar Kinobegeisterter traf sich zum Essen, um sich danach von einem (hoffentlich) tollen Kinofilm überraschen zu lassen.

Mittlerweile erstreckt sich diese lieb gewonnene Tradition bereits über Jahre und noch immer läuten wir – mal in größerer, mal in kleinerer Runde – kollektiv das Wochenende ein, bequatschen die Ereignisse der vergangenen Woche oder schmieden Ausflugspläne. Meist geschieht dies in unserem Stammlokal, das nicht nur einen der allerbesten Burger der Stadt auf der Karte hat, sondern mit seinen riesigen Ledersofas und der relaxten Atmosphäre wie geschaffen dafür ist, eine stressige Arbeitswoche in angenehmer Gesellschaft ausklingen zu lassen. Über die Zeit sind aus Filmfreunden richtige Freunde geworden, was umso weniger verwunderlich ist, als wir alle die Leidenschaft zum Essen, Kochen und miteinander Feiern teilen. Für mich ein Glück – so finden sich immer genug Freiwillige, wenn ich mal wieder Versuchskaninchen brauche und die x-te Variante meiner Butterkaramellen zum Verkosten mitbringe.

Da die Kinofilme in der Originalfassung gezeigt werden, ist es eine gute Gelegenheit auch ausländische Arbeitskollegen oder Freunde mitzubringen und ihnen so mit ersten Kontakten den Start in München zu erleichtern.

Andererseits ist die Tatsache, dass wir alle aus verschiedenen Ländern und Kulturkreisen stammen, auch für uns eine tolle Bereicherung.

Sylvie, unsere französische Weinexpertin, nimmt vor ihren Besuchen zu Hause unsere Bestellungen für Mitbringsel kulinarischer Art entgegen, Ruth hat mir gezeigt, mit wie viel Handarbeit ihre äthiopische Familie Samosas zubereitet, und Carlos kennt die letzten Geheimnisse um spanische Gazpacho & Co.

Steht in den USA das Thanksgiving Weekend vor der Tür, dann sorgen hier unsere amerikanischen Expats für ein unvergessliches Thanksgiving-Dinner, zu dem jeder seinen Beitrag leistet – kleinere Hindernisse inbegriffen: Woher bekommt man Pecannüsse oder frische Cranberrys und Süßkartoffeln, wie schnitzt man einen Kürbis, ohne größere Blessuren davonzutragen, und was tun, wenn der Backofen schlichtweg zu klein ist für den Truthahn? Was für ein Glück wir auch das letzte Mal wieder hatten, als die bayrische Metzgerei an der Ecke sich bereit erklärte, das Braten desselben zu übernehmen. Dass die riesige Thermobox, die für den Transport des Vogels diente, dann ausgerechnet unter einigen Lagen Federbetten warm gehalten wurde, sorgte natürlich bei allen Gästen für große Erheiterung! Und während wir uns genüsslich über das ansehnliche Thanksgiving-Buffet hermachten und unsere Erfahrungen und Rezepte austauschten, wurden bereits wieder Ideen für den nächsten gemeinsamen Trip gesammelt, der uns mal wieder auf unsere Lieblingsalm führen sollte – des Essens wegen.

€ 12,90

YAHOO!

DAGIS MÜSLI
BIRCHER STYLE

Unsere Freunde Dagi und Craig sind bekannt für ihre unkonventionellen Ideen, deshalb war es auch keine Überraschung, als sie zu einem Brunch einluden, das das Motto »Bob Ross« trug. Noch heute kann man vom Maler mit der sanften Stimme und seiner typischen Afro-Frisur im TV-Nachtprogramm glückliche Sträucher malen lernen. Folglich gab es beim Brunch ein eigenes Atelier-Zimmer, in dem jeder seinen Videos lauschen und sich auf einer Leinwand selbst an Ross' Techniken versuchen konnte. Ein Riesenspaß für Jung und Alt!

Ich glaube zwar nicht, dass wir an diesem Morgen ein echtes Talent entdeckt haben, aber dafür bot das Brunch-Buffet für jeden Geschmack etwas – von bayrischen Weißwürsten mit Brezen über Mini-Pizzen bis zu Blaubeerwaffeln. Der Renner war aber Dagis Müsli, das sie nach einem Rezept ihrer Mutter zubereitet hatte: Schon seine rosa Farbe war ein echter Hingucker, vom Geschmack ganz zu schweigen. Ich hege immer noch den Verdacht, dass ich die ganze Schüssel fast alleine aufgefuttert habe ...

ZUTATEN

Für 4: 1/4 l Milch (oder Wasser) | 100 g kleinblättrige Haferflocken | 75 g Trockenfrüchte (z.B. Datteln und/oder Feigen) | 100 g Haselnusskerne | 1 vollreife Banane | 100 g Himbeeren (tiefgekühlt oder frisch) | 300 g griechischer Sahnejoghurt oder Naturjoghurt | klein geschnittenes Obst (z.B. Pflaumen, Bananen oder Äpfel) zum Garnieren

ZUBEREITUNG

Dieses Müsli lässt jedem genug Spielraum, es nach seinem eigenen Geschmack zu verändern, sorgt für einen gesunden Start in den Tag und enthält dabei ausschließlich Fruchtzucker. Besser geht's nicht!

DIE BASIS

Die Milch erhitzen, über die Haferflocken gießen und mindestens 1 Stunde zugedeckt quellen lassen.

DIE SÜSSE

Die Trockenfrüchte 1 Stunde in 75 ml Wasser einweichen, dann im elektrischen Zerhacker oder mit dem Pürierstab zu einer glatten Paste mixen. Das Fruchtpüree süßt auf natürliche Weise – esslöffelweise zu den Haferflocken geben, bis sie einem süß genug sind. Das restliche Püree hält sich mehrere Tage im Kühlschank (z.B. in einem Einmachglas).

DIE NÜSSE

Haselnüsse in einer Pfanne ohne Fett rösten, bis sie duften, dann grob hacken. Zwei Drittel unters Müsli rühren, den Rest zum Garnieren aufheben.

DIE FRÜCHTE

Banane schälen, mit einer Gabel zerdrücken und untermischen. Aufgetaute (samt Saft) oder frische Himbeeren unterrühren, dabei etwas zerdrücken.

DAS FINISH

200 g Joghurt unterrühren und das Müsli in kleine Schälchen geben. Jeweils mit einem Klecks vom übrigen Joghurt, dem Obst zum Garnieren und den restlichen gehackten Nüssen krönen.

TORTILLA DE BETANZOS

Wenn Anja und Carlos zu einem ihrer legendären spanischen Abende einladen, dann wird immer ausgiebig geschlemmt – so viel ist sicher. Wie bei jeder guten Party konzentriert sich auch hier das Geschehen meist in der Küche. Während die Gastgeber zusammen mit ihrem Freund Juan Berge Kartoffeln für die Tortillas schnippeln, versuche ich ihnen immer das ein oder andere Geheimnis der galizischen Küche zu entlocken. Bei dieser Tortilla, die innen noch einen wunderbar saftig-flüssigen Kern hat, hat das auch geklappt.

ZUTATEN

Für 1 Tortilla (20–22 cm Ø): 500 g Kartoffeln (am besten festkochend bis mehlig) | 1 Knoblauchzehe | 1 Zwiebel | 75 g Chorizo | 4–5 ganz frische Eier (Größe L) | Meersalz | frisch gemahlener weißer Pfeffer | etwa 300 ml Olivenöl

ZUBEREITUNG

Kartoffeln schälen, waschen und in gleich große Würfel (etwa 1 cm) schneiden. Knoblauch schälen und klein schneiden, Zwiebel schälen und grob schneiden, Chorizo pellen und fein würfeln. Eier in einer große Schüssel mit dem Schneebesen aufschlagen und pikant mit Salz und Pfeffer würzen. Reichlich Olivenöl in einer hohen Pfanne erhitzen. Die Kartoffeln zugeben und bei mittlerer bis starker Hitze frittieren, bis sie durchgegart und goldbraun (oder nach Gusto auch dunkler) sind, das dauert etwa 10 Minuten. Dabei sollten die Kartoffeln gerade noch vom Öl bedeckt sein, gegebenenfalls frittiert man sie einfach in zwei Durchgängen. Mit dem Schaumlöffel herausnehmen, in einer Schüssel auf zwei Lagen Küchenpapier abtropfen lassen. Nun die Zwiebel auf die gleiche Weise frittieren. Wenn sie gerade etwas Farbe bekommen hat, auch den Knoblauch für maximal 1 Minute dazugeben, dann alles in ein Sieb geben und das ablaufende Öl dabei auffangen. Das in der Pfanne verbliebene Öl dazu nutzen, die Chorizo kurz anzubraten.

Kartoffeln, Zwiebel, Knoblauch und die Chorizo unter die Eier mischen. 2 EL des aufgefangenen Öls in einer kleinen Pfanne (20-22 cm Ø) erhitzen. Kartoffelmischung in die Pfanne gießen und bei mittlerer bis starker Hitze 2–3 Minuten braten, dabei mit einem Holzspatel am Rand entlangfahren und die Pfanne vorsichtig rütteln, um zu vermeiden, dass die Tortilla anbäckt (eventuell auch darunterspitzen, um sicherzustellen, dass sie nicht zu dunkel wird). Einen großen, flachen Teller verkehrt herum auf die Pfanne legen, Tortilla beherzt daraufstürzen (sonst gibt's eine Riesensauerei!) und – nun anders herum – zurück in die Pfanne gleiten lassen. Ganz kurz auf der zweiten Seite anbraten (maximal 1 Minute) – dann ist die Tortilla im Kern noch flüssig und schmeckt richtig saftig. Wer seine Tortilla lieber durchgebraten genießt, brät sie von beiden Seiten bei mittlerer Hitze je 3–4 Minuten.

geknetet & gebacken

ORANGEN-BRIOCHE

Meine Großmutter Luise liebte es, mit frischer Hefe zu backen. Jahrelang habe ich ihr dabei zugesehen und bei Rohrnudeln und Zwetschgendatschi mitgeholfen, weshalb mir der gesamte Prozess sehr vertraut ist. Wenn man ein paar einfache Grundregeln beachtet, ist ein Hefeteig kinderleicht herzustellen: Nur mit wirklich frischer Hefe arbeiten, die zuzugebende Flüssigkeit sollte lauwarm, aber nicht heiß sein, die Butter darf nicht in direkten Kontakt mit der Hefe kommen, und der Teig muss an einem geschützten und warmen Ort abgedeckt gehen. Zur Not kann dieser Ort auch der eigene Ofen sein: Einfach 1–2 Minuten auf 100 °C vorheizen und gleich wieder ausschalten – so bekommt der Hefeteig ein mollig warmes Plätzchen und geht prima auf.

ERGIBT 12 STÜCK
ZUBEREITUNGSZEIT: 20 MINUTEN
PLUS 1 1/2 STUNDEN GEHEN LASSEN
UND 20 MINUTEN BACKEN

20 g frische Hefe
1 Ei (Größe L)
1/4 l Milch
75 g Butter (plus etwas mehr fürs Blech und das Finish)
500 g Mehl
75 g Zucker
1 Bio-Orange
1 Prise Salz

Außerdem
Blech für 12 Muffins

Alle Zutaten sollten Zimmertemperatur haben, also Hefe und Ei früh genug aus dem Kühlschrank nehmen. Milch in einem Topf lauwarm werden lassen, Butter in einem zweiten Topf schmelzen.

Mehl in eine große Schüssel sieben und in die Mitte eine Vertiefung drücken. Hefe hineinkrümeln, 1 Prise Zucker dazugeben und mit so viel Milch übergießen, dass die Hefe bedeckt ist. Die Schüssel mit einem Geschirrtuch abdecken und den Vorteig an einem warmen Ort etwa 15 Minuten gehen lassen, bis er blasig ist.

Orange heiß waschen und die Schale fein abreiben. Zusammen mit übriger Milch, restlichem Zucker, Ei, Butter und Salz in die Schüssel geben und alles zu einem geschmeidigen Teig verkneten. Das funktioniert sowohl mit den Händen als auch mit den Knethaken des Handrührgeräts (ebenfalls super: die Küchenmaschine). Der Teig ist fertig, wenn er sich leicht vom Schüsselrand löst (esslöffelweise etwas Mehl zufügen, wenn er sich noch zu klebrig anfühlt). Wieder abgedeckt an einem warmen Ort etwa 1 Stunde gehen lassen, bis der Teig sein Volumen annähernd verdoppelt hat.

Backofen auf 200 °C (Umluft 180 °C) vorheizen. Die Mulden des Blechs mit Butter auspinseln. Den Teig ein letztes Mal durchkneten und in 12 gleich große Stücke teilen. Nun wird jedes dieser Stücke in 3 gleich große Bälle geformt, die man dann zusammen mittig in eine Mulde setzt. Mit etwas geschmolzener Butter bepinseln und mit Folie abgedeckt ein letztes Mal gehen lassen, gute 15 Minuten sind genug. Dann in den Ofen schieben (zweite Schiene von unten) und in etwa 20 Minuten goldgelb backen. Herausnehmen und kurz abkühlen lassen, dann aus der Form lösen. Für etwas extra Glanz bestreicht man die Brioche noch mal mit ein wenig Butter.

Sonnengelbe Safran-Brioche: Für Hefegebäck mit einem betörenden Safranaroma mahlt man im Mörser einfach 1/4–1/2 TL Safranfäden mit 1 TL Zucker und gibt dies zur Milch, ehe man sie erwärmt. Die Orangenschale dafür weglassen.

BANANEN-KOKOS-KUCHEN

Ein Ritual, mit dem ich groß geworden bin – dass jedes Wochenende mindestens ein Kuchen gebacken wurde –, habe ich nur zu gern selbst übernommen: Je nach Saison kann das heute ein frischer Obstkuchen mit Erdbeeren oder Äpfeln sein oder wie hier auch ein saftiger Kuchen aus einem einfachen Rührteig. In diesem Fall sorgen Kokosflocken und Bananen dafür, dass der Kuchen auch nach mehreren Tagen noch schön saftig schmeckt.

Es macht übrigens nichts, wenn die verwendeten Bananen ihre Glanzzeit bereits hinter sich haben. Was dieses Rezept zu meinem Standardrezept macht, wenn ein paar Bananen im Obstkorb vor sich hin gammeln ...

REICHT FüR 1 SPRINGFORM (26 CM Ø)
ODER AUCH 1 KASTENKUCHENFORM (30 CM LäNGE)
ZUBEREITUNGSZEIT: 15 MINUTEN
PLUS 45–50 MINUTEN BACKEN

- 150 g zimmerwarme Butter (plus etwas mehr für die Form)
- 250 g Mehl (plus etwas mehr für die Form)
- 1/8 l Milch
- 1 TL Natron
- 100 g brauner Rohrzucker
- 3 Eier (Größe L)
- 3–4 vollreife Bananen (etwa 300 g)
- 100 g Kokosraspel
- 3 TL Backpulver

Den Backofen auf 180 °C vorheizen. Die Spring- oder Kastenform einfetten und mehlen oder mit Backpapier auslegen. Die Milch in eine kleine Schüssel geben und das Natron darin auflösen.

In einer großen Schüssel Butter, Zucker und Eier mit den Schneebesen des Handrührgeräts schaumig rühren. Die Bananen schälen, mit einer Gabel zerdrücken und zusammen mit den Kokosraspeln nur kurz untermixen. Mehl und Backpulver über die Schaummasse sieben, die Milch dazugießen und alles mit einem großen Holzlöffel von Hand vermengen. Der Teig soll schwer vom Löffel fallen.

Teig in die vorbereitete Form füllen und im Ofen (Umluft 160 °C) auf der zweiten Schiene von unten 45–50 Minuten backen. Mit einem Holzstäbchen anstechen: Bleibt kein Teig daran kleben, ist der Kuchen fertig, sonst noch ein paar Minuten weiterbacken. Den Kuchen aus dem Ofen nehmen, 10 Minuten abkühlen lassen, dann aus der Form lösen.

GRISSINI

Verbrachte ich meine Schulferien mit meinen Großeltern in Italien, dann gab es in den dortigen Restaurants immer zwei Highlights für mich: Zum einen die sagenhaften Nachspeisen und zum anderen die in Plastikfolie eingeschweißten, staubtrockenen Grissini, die zum separat zu bezahlenden »Coperto«, dem Gedeck, gehören. Mit selbst gemachten Grissini-Stangerln haben die allerdings herzlich wenig gemein. Schnell gemacht sind sie die perfekte Ergänzung für ein italienisches Essen mit Freunden oder für einen faulen Abend auf dem Sofa.

ERGIBT 25–30 STüCK
ZUBEREITUNGSZEIT: 20 MINUTEN
PLUS 20 MINUTEN GEHEN LASSEN
UND 15 MINUTEN BACKEN

10 g frische Hefe (als Ersatz geht auch 1 TL Trockenhefe)
250 g Mehl (Type 550)
gut 1/2 TL feines Meersalz
1 EL Olivenöl

Nach Gusto
grobes Meersalz
frisch geriebener Parmesan
Dukkah (siehe Seite 168)

Die Hefe mit 1/8 l lauwarmem Wasser verrühren. Das Mehl in einer Schüssel mit dem Salz vermengen, Olivenöl und Hefewasser dazugeben und alles von Hand oder mit den Knethaken des Handrührgeräts verkneten, bis der Teig schön geschmeidig ist (mindestens 5 Minuten). Zu einer Kugel formen und mit einem Küchentuch abgedeckt an einem warmen Ort 20 Minuten gehen lassen.

Backofen auf 200 °C (Umluft 180 °C) vorheizen, ein Backblech mit Backpapier auslegen. Teig in der Form eines Rechtecks ausrollen, bis er etwa eine Stärke von 1/2 cm hat. Mit einem scharfen Messer zu dünnen, kleinfingerdicken Streifen abschneiden und diese jeweils mit beiden Händen zu dünnen Strängen rollen. Dann für ...

Grissini natur die Teigstränge auf das Backblech legen, mit etwas Wasser bespinseln und mit ein wenig grobem Meersalz bestreuen.

Grissini mit Parmesan die Teigstränge mit etwas Wasser bepinseln, mit frisch geriebenem Parmesan bestreuen und noch mal über die Arbeitsfläche rollen, bis sie rundherum in den Käse gehüllt sind, dann auf das Blech legen.

Grissini mit Dukkah (meine Favoriten) die Teigstränge mit etwas Wasser bepinseln, mit Dukkah bestreuen und noch mal über die Arbeitsfläche rollen, bis sie gleichmäßig mit der Gewürzmischung überzogen sind, dann auf das Blech legen.

In der Mitte des Ofens etwa 15 Minuten backen, die Spitzen sollen etwas Farbe nehmen, aber sonst sollen die Grissini noch relativ hell sein (Ausnahme: Parmesan). Herausnehmen und auf einem Gitter auskühlen lassen, dann zum Aperitif oder zur Vorspeise reichen. Luftdicht verpackt bleiben die Grissini ein paar Tage knusprig.

KIRWAKUCHEN

Dieser saftige Blechkuchen hat bei uns zu Hause viele Namen, am populärsten sind wohl Kirwakuchen (die umgangssprachliche Version von Kirchweihkuchen) und Schmierkuchen. Der Kuchen ist typisch für die Oberpfalz-Region, in der ich aufgewachsen bin, auf jeder Familienfeier und jedem Dorffest war er vertreten. Leider hat meine Oma Luise ihr Original-Rezept mit ins Grab genommen – so hat es mich doch einige Anläufe gekostet, bis meine Familie mir bescheinigen konnte, dass mein Kuchen »schmeckt wie von Oma«. Egal ob noch leicht warm aus dem Ofen oder abgekühlt am nächsten Tag, diesen Kuchen lieben alle.

REICHT FüR 1 BACKBLECH
(ETWA 42 X 38 CM)
ZUBEREITUNGSZEIT: 20 MINUTEN
PLUS 1 1/4 STUNDEN GEHEN LASSEN
UND 20–25 MINUTEN BACKEN

Hefeteig

375 g Mehl (eventuell noch etwas mehr)
20 g frische Hefe
50 g Zucker
1/8 l lauwarme Milch
50 g weiche Butter
1 zimmerwarmes Ei (Größe M)
1 Prise Salz

Grießschmiere

1/4–1/2 TL Safranfäden (eventuell noch etwas mehr)
150 g Zucker
3/4 l Milch
150 g Hartweizengrieß
125 g Butter
1 Ei (Größe M)
Rosinen (wer mag)

Für den Teig Mehl in eine Schüssel geben, in die Mitte eine Kuhle drücken. Hefe in die Vertiefung krümeln, 1 Prise Zucker darüberstreuen und mit so viel lauwarmer Milch übergießen, dass die Hefe eben bedeckt ist. Hefemilch kurz umrühren, dann die Schüssel mit einem Geschirrtuch abdecken und den Vorteig an einem warmen Ort 15 Minuten gehen lassen, bis erste Bläschen sichtbar werden.

Restliche Milch, übrigen Zucker, Butter, Ei und Salz zufügen und alles mit den Knethaken des Handrührgeräts verarbeiten, bis sich der Teig vom Schüsselrand löst. (Ist der Teig noch sehr klebrig, esslöffelweise mehr Mehl zugeben.) Leicht mit Mehl bestäuben und zugedeckt an einem warmen Ort etwa 1 Stunde gehen lassen (wenn es mal schnell gehen muss, reichen auch 30 Minuten).

Backofen auf 180 °C (Umluft 160 °C) vorheizen, ein Backblech mit Backpapier auslegen. Den Teig einmal kurz durchkneten, auf einer bemehlten Arbeitsfläche ausrollen, bis er ungefähr die Größe des Blechs hat und etwa 1/2 cm dick ist, dann auf dem Blech ausbreiten und in Form ziehen. Bis zur weiteren Verarbeitung abdecken.

Für die Schmiere Safran mit 1 TL Zucker im Mörser fein mahlen. Die Milch aufkochen, Grieß, Safran, restlichen Zucker und die Butter einrühren, bis ein ebenmäßiger Brei entstanden ist. Die Schmiere sollte nun eine leuchtend gelbe Farbe angenommen haben, sonst noch ein wenig Safran zugeben. Dann direkt vom Herd nehmen und das Ei unterrühren. Die Schmiere sofort gleichmäßig auf dem Teig verstreichen, nach Wunsch mit den Rosinen bestreuen. Im Ofen (Mitte) 20–25 Minuten backen, der Boden sollte unten keinesfalls zu dunkel werden. Auskühlen lassen und in rechteckige Stücke schneiden.

SCHNELLES FLADENBROT MIT DUKKAH

Dukkah ist eine Gewürzmischung mit Nüssen, die ich zum ersten Mal auf einem kleinen Gewürzbasar in Ägypten probiert habe – wirklich zu schätzen gelernt habe ich sie allerdings erst sehr viel später. Mit selbst gemachtem Fladenbrot aus der Pfanne (geht viel schneller als man denkt!) und einem fruchtigen Olivenöl eignet es sich gut als Vorspeise für ein orientalisches Essen. Dazu reißt man das Fladenbrot in kleine Stücke und tunkt es erst ins Olivenöl, dann ins Dukkah.

ERGIBT 8–10 STüCK
ZUBEREITUNGSZEIT: 1–1 1/4 STUNDEN

Hefeteig

20 g frische Hefe (ersatzweise 1 knapper TL Trockenhefe)
1/4 TL Kreuzkümmelsamen (wer mag)
300 g Mehl (Type 550, plus etwas mehr zum Ausrollen)
gut 1/2 TL feines Meersalz
1 EL Olivenöl

Dukkah

3 EL Haselnusskerne
2 EL Pinienkerne
2 EL Sesamsamen
2 EL Koriandersamen
2 EL Kreuzkümmelsamen
1 EL schwarze Pfefferkörner
1 TL Fleur de Sel/Maldon Meersalz

Außerdem

Olivenöl für die Pfanne und zum Dippen

Für den Teig Hefe und 200 ml lauwarmes Wasser verrühren. Kreuzkümmel (wer mag) im Mörser fein mahlen, dann zusammen mit dem Mehl und dem Salz in einer großen Schüssel mischen. Aufgelöste Hefe und das Öl dazugießen und alles mit den Knethaken des Handrührgeräts zu einem geschmeidigen Teig verkneten. Mit Mehl bestäuben und abgedeckt 15–30 Minuten gehen lassen.

In der Zwischenzeit das Dukkah zubereiten: Die Haselnüsse und die Pinienkerne im Blitzhacker nicht zu fein zerkleinern, dann mit dem Sesam in einer Pfanne ohne Zugabe von Fett bei nicht zu großer Hitze goldbraun rösten. Aus der Pfanne nehmen, abkühlen lassen. Die Gewürze (bis auf das Salz) ebenfalls ohne Zugabe von Fett in der Pfanne einige Minuten bei mittlerer Hitze anrösten, dann im Mörser fein mahlen. Nüsse, Gewürze und Salz vermengen und in einem dunklen Behälter luftdicht verschlossen aufbewahren.

Backofen auf 80 °C (Umluft 60 °C) vorheizen. Den Teig noch mal kurz durchkneten, dann in mehr oder weniger gleich große Stücke teilen, 8–10 sollten es schon sein. Ein Teigstück auf der bemehlten Arbeitsfläche mit einem Nudelholz zu einem sehr dünnen und möglichst runden Fladen ausrollen. Parallel dazu eine große Pfanne heiß werden lassen (mittlere bis hohe Hitze). Dann etwas Olivenöl in die Pfanne geben, den ersten Fladen hineinlegen und mit wenig Öl beträufeln. Sobald die Unterseite erste dunklere Flecken bekommt (das geht sehr schnell!), Fladen wenden und fertig backen. In den Ofen geben und warm halten. Nach und nach aus den restlichen Teigstücken Fladenbrote zubereiten.

Fladenbrote, Olivenöl und Dukkah auf den Tisch stellen, sodass sich jeder selbst bedienen kann.

1-2-3-MOHNKUCHEN

Wer österreichische Mehlspeisen und Mohn mag, der wird diesen Kuchen lieben. Nicht nur, weil er unglaublich saftig ist, sondern weil es im Zweifel der am schnellsten und unkompliziertesten zusammengerührte Kuchen in meinem Repertoire ist.

Damit Mohn sein volles Aroma entfaltet kann, muss er möglichst frisch gemahlen werden (sonst wird er ranzig), wobei das »Mahlen« genau genommen ein »Quetschen« ist – wie mir mein Gewürzverkäufer erklärt hat. Wer wie ich keine eigene Mohnmühle oder -quetsche besitzt, der lässt das Zerkleinern am besten vom Mohnhändler seines Vertrauens erledigen. Arbeitsintensive Notlösung: der Mörser.

REICHT FüR 1 KASTENKUCHENFORM (30 CM LäNGE) ODER EINE ANDERE KUCHENFORM NACH WUNSCH
ZUBEREITUNGSZEIT: 10 MINUTEN PLUS 45–50 MINUTEN BACKEN

- 250 g weiche Butter (plus etwas mehr für die Form)
- 5 zimmerwarme Eier (Größe M oder L)
- 75 g zimmerwarme Crème fraîche
- 200 g Zucker
- 1 Bio-Zitrone
- 100 g frisch gemahlener Mohn
- 200 g Mehl (plus etwas mehr für die Form)
- 2 EL Backpulver
- Puderzucker zum Bestäuben

Für ein optimales Backergebnis sollten alle Zutaten Zimmertemperatur haben, also Butter, Eier und Crème fraîche rechtzeitig aus dem Kühlschrank nehmen. Backofen auf 180 °C vorheizen. Die gewählte Backform gründlich mit Butter einpinseln und gleichmäßig mit Mehl bestäuben.

Mit den Schneebesen des Handrührgeräts (oder auch mit einer Küchenmaschine) die Butter und den Zucker cremig rühren. Dann nach und nach die Eier zufügen, dabei immer rühren. Die Zitrone heiß waschen und die Schale auf einer feinen Reibe direkt zur Eier-Butter-Masse reiben. Crème fraîche und Mohn dazugeben und ebenfalls unterrühren. Das Mehl dazugeben, Backpulver darüber verteilen und ein letztes Mal alles gut verrühren.

Den Teig in die Form füllen und glatt streichen. Im Ofen (Umluft 160 °C) auf der zweiten Schiene von unten (oder knapp unterhalb der Mitte) 45–50 Minuten backen. Ein Holzstäbchen in den Kuchen stechen, bleibt kein Teig mehr daran kleben, ist er fertig, ansonsten noch ein paar Minuten weiterbacken. Aus dem Ofen nehmen und 10 Minuten abkühlen lassen, dann aus der Form auf einen Kuchenteller stürzen. Wenn der Kuchen vollständig abgekühlt ist, noch mit Puderzucker bestäuben.

LIMETTEN-MATCHA-COOKIES

Neue Trends verbreiten sich auf Foodblogs mit einer atemberaubenden Geschwindigkeit, ein anschauliches Beispiel dafür sind Kelli Bernards »Green Tea Sweets«. Kelli hat in ihrem ursprünglich allen süßen Versuchungen gewidmeten Blog (www.lovescool.com) ihren Weg von der IT-Karriere zum eigenen Teehaus in New York (Amai) dokumentiert und mit diesem Rezept eine Lawine der Begeisterung losgetreten. Foodblogger in Italien, Estland, Australien, Singapur, Mauritius und wer weiß wo überall noch waren derart angetan von ihren Matcha-Cookies, dass sich eine Lobeshymne an die nächste reihte.

Meine Variante von Kellis Rezept hat eine frische Limetten-Note, die wunderbar mit dem grünen Tee harmoniert. Die Kekse zergehen förmlich auf der Zunge und sind das Tee-Gebäck schlechthin!

REICHT FüR 2 BACKBLECHE
ZUBEREITUNGSZEIT: 10 MINUTEN PLUS 1 STUNDE KüHLEN UND 10–15 MINUTEN BACKEN

- 80 g Puderzucker
- 2 TL Matcha-Tee (Puder aus grünen Teeblättern, im Teeladen erhältlich)
- 3 Bio-Limetten
- 150 g kalte Butter
- 1 Prise Salz
- 200 g Mehl (plus etwas mehr zum Ausrollen)
- 25–50 g Speisestärke
- 3 Eigelb (Größe M)
- 75 g Zucker

Den Puderzucker am besten in die Schüssel einer Küchenmaschine sieben, mit Teepuder vermischen. 1 Limette heiß waschen und die Schale fein abreiben. Butter würfeln und mit Limettenschale und Salz zum Puderzucker geben. Mit dem Flachrührer so lange rühren, bis man eine leuchtend-grüne, glatte Masse erhält (statt der Küchenmaschine geht notfalls auch das Handrührgerät mit Knethaken). Dann Mehl und Stärke unterrühren und zum Schluss die Eigelbe.

Teig in zwei Hälften teilen, jeweils zu fingerdicken Platten formen, in Folie wickeln. Der Teig muss jetzt mindestens 1 Stunde zum Festwerden in den Kühlschrank, ich lasse ihn aber oft deutlich länger kühlen (auch bis zu 2 Tage sind kein Problem), da er dann beim Bearbeiten nicht so schnell weich wird.

Den Backofen auf 170 °C (Umluft 150 °C) vorheizen, ein Backblech mit Backpapier auslegen. Übrige Limetten heiß waschen, die Schale fein abreiben und mit 1 EL Zucker im Mörser möglichst fein zermahlen. Mit restlichem Zucker vermischen, in eine Schüssel geben.

Die Arbeitsplatte mit wenig Mehl bestäuben und darauf den Teig ausrollen – die Original »Green Tea Sweets« bleiben mit einer Stärke von über 1 cm recht dick, ich mag meine Cookies lieber dünner (knapp 1/2 cm). Aus dem Teig Plätzchen ausstechen, je einfacher und kompakter die Ausstechformen dabei sind, desto leichter lässt sich der Teig handhaben (falls nötig nochmals in den Kühlschrank geben und wieder fester werden lassen). Die Plätzchen vorsichtig im Limettenzucker wälzen – ganz oder nur die Ränder –, aufs Blech legen und im Ofen (Mitte) je nach Dicke und Form 10–15 Minuten backen. Sie sind perfekt, wenn sie zwar durchgebacken sind, aber möglichst noch keine goldene Farbe angenommen haben. Herausnehmen und auskühlen lassen.

Tipp: Kelli empfiehlt, die Cookies in lichtundurchlässigen Dosen zu lagern, da die intensive grüne Farbe dann länger erhalten bleibt.

ZWIEBELBROT MIT MALZBIER

Die Liebe zu Malzbier stammt noch aus meiner Kindheit: Wollten die Kinder auch gerne ein Getränk mit Schaumkrone wie das Bier der Erwachsenen, dann gab es alkoholfreies Malzbier für den Nachwuchs – recht süß und bestimmt nicht jedermanns Geschmack. Anders in diesem Brot: Das Malzbier sorgt nicht nur für die rustikale, dunkle Farbe, seine Süße harmoniert hier ausgezeichnet mit dem süßlichen Aroma der gerösteten Zwiebeln.

ERGIBT 1 BAGUETTEFÖRMIGES BROT
ZUBEREITUNGSZEIT: 30 MINUTEN
PLUS ETWA 8 STUNDEN GEHEN LASSEN
UND 25–30 MINUTEN BACKEN

300 g Mehl (Type 550, plus etwas mehr zum Arbeiten)
knapp 1 TL feines Meersalz
10 g frische Hefe
200 ml zimmerwarmes Malzbier
2 Zwiebeln
1 EL Butter

Außerdem
Brotbackstein (ersatzweise ein ganz normales Backblech nehmen und mit Backpapier belegen)
Maisgrieß zum Bestäuben
1 Handvoll Eiswürfel

Mehl und Salz am besten in der Schüssel einer Küchenmaschine vermischen. Hefe und Malzbier verrühren, zum Mehl geben. Alles mit den Knethaken der Küchenmaschine zu einem relativ festen Teig verkneten – er darf noch leicht klebrig sein, sonst esslöffelweise mehr Mehl zugeben (statt der Küchenmaschine geht auch das Handrührgerät mit Knethaken). Den Teig abgedeckt im Kühlschrank über Nacht, mindestens jedoch 6 Stunden, gehen lassen. (Super: Teig zum Gehen in eine leicht geölte, gut verschließbare Plastikdose geben. So trocknet die Teigoberfläche nicht aus.)

Aufgegangenen Teig 1 Stunde vorm Weiterverarbeiten aus dem Kühlschrank holen. Inzwischen die Zwiebeln schälen und grob würfeln. Butter in einer Pfanne aufschäumen, die Zwiebeln darin bei mittlerer Hitze goldbraun anrösten. Abkühlen lassen.

Die abgekühlten Zwiebeln gleichmäßig unter den Teig kneten und diesen auf einer leicht bemehlten Arbeitsfläche zu einem langen Baguette rollen. Mit Mehl bestäuben und unter einem Küchentuch noch mal 30–45 Minuten gehen lassen. In der Zeit den Backofen samt dem Brotbackstein (auf Höhe des unteren Drittels) mindestens 30 Minuten bei voller Leistung vorheizen (mein ganz regulärer Ofen erreicht bei etwas längerem Vorheizen durchaus Temperaturen von 240–250 °C), 230 °C sollten es auf alle Fälle sein. Außerdem eine ofenfeste Form (z. B. eine Auflaufform) auf den Ofenboden stellen.

Das Brot mit einem Sägemesser mehrmals diagonal etwa 1 cm tief einschneiden. Einen Brotschieber mit Maisgrieß bestäuben und das Brot damit (ersatzweise die Hände nehmen) vorsichtig auf den Brotbackstein gleiten lassen. Eiswürfel in die Form auf dem Ofenboden geben, sie sorgen beim Backen für Dampf (gut für die Brotkruste). Die Ofentüre danach schnellstmöglich wieder schließen. Innerhalb der nächsten 10 Minuten zweimal mit einer Sprühflasche Wasser an die Ofenwände spritzen und so für weiteren Dampf sorgen. Das Brot 25–30 Minuten backen, bis es eine schöne goldbraune Kruste hat, und der Brotboden beim Daraufklopfen hohl klingt. Aus dem Backofen nehmen und auf einem Gitter ganz auskühlen lassen. Schmeckt frisch oder aufgetoastet am besten.

SCHOKO-MINIS

Wer einmal einen Schokoladenkuchen (fast) ohne Mehl probiert hat, für den gibt es kein Zurück. Kompakt und super-schokoladig zerschmilzt jeder Bissen auf der Zunge – eigentlich ist es fast mehr eine Nachspeise als ein Kuchen. Da der Teig sehr gehaltvoll ist, verwende ich ihn gerne für Mini-Muffins. Sie sind ideal für den kleinen Schokoladenhunger (toll für Partys), dabei sind ein schmucker Überzug aus weißer Schokolade und gehackte Pistazien das Tüpfelchen auf dem »i«.

ERGIBT 20 STüCK
ZUBEREITUNGSZEIT: 30 MINUTEN
PLUS 15 MINUTEN BACKEN

Teig

200 g Butter (plus etwas mehr für das Muffinblech)
200 g hochwertige dunkle Schokolade (60–70 % Kakao)
250 g Zucker
4 Eier (Größe L)
3 EL Mehl

Deko

200 g weiße Schokolade
2 EL gehackte Pistazien

Außerdem

Blech für 20 Mini-Muffins

Den Backofen auf 190 °C (Umluft 175° C) vorheizen. Die Mulden des Muffinblechs mit Butter auspinseln.

Für den Teig die Schokolade in Stücke brechen und zusammen mit der Butter in eine größere Metallschüssel geben und über einem heißen Wasserbad schmelzen. Den Zucker untermengen und die Schüssel zum Abkühlen einige Minuten zur Seite stellen. Dann nacheinander die Eier mit einem Holzlöffel einarbeiten und jedes Mal so lange rühren, bis das Ei vollständig mit der Schokomasse »verschmolzen« ist. Dabei ändert sich die Konsistenz der Masse von anfangs flüssig bis zum Ende fast puddingartig. Zum Schluss noch das Mehl unterrühren.

Den Teig in die Blechmulden füllen und das Blech in die Mitte des Ofens schieben. Die Minis etwa 15 Minuten backen, sie sollen zum einen schon stabil genug sein, dass sie beim Stürzen die Form behalten, andererseits aber noch einen weichen Kern haben. Ist man sich nicht sicher, kann man einen Test-Muffin naschen ... Sind die Muffins fertig, aus dem Ofen nehmen, 10 Minuten auskühlen lassen, dann aus der Form stürzen.

Wenn die Schoko-Minis vollständig ausgekühlt sind, für die Deko die weiße Schokolade in Stücke brechen und in eine kleine Metallschüssel geben, über dem Wasserbad schmelzen. Die Minis mit der Schokolade überziehen und mit den Pistazien bestreuen.

Schokokuchen: Aus dem Teig lässt sich ebenso gut ein flacher Kuchen backen. Dazu legt man den Boden einer Springform (etwa 26 cm Ø) mit Backpapier aus, buttert den Rand der Form und füllt den Teig hinein. Im Ofen (Hitze wie oben, Mitte) 22–25 Minuten backen. Der Kuchen ist fertig, wenn sich die Mitte noch minimal weich und puddingartig anfühlt. Noch warm mit Schlagsahne, Vanilleeis oder -sauce und frischen Früchten servieren.

BELLA ITALIA

Wo Omas mit Eiswaffeln werfen und Holzclogs verboten sind.

BELLA ITALIA

Bereits seit den späten 50er-Jahren war Italien das erklärte Lieblingsreiseziel meiner Großeltern. In ihren alten Fotoalben erzählen vergilbte Bilder vom Campingurlaub an italienischen Seen, Sightseeing in Rom oder dem Strandurlaub an der Adria.

Ihre Begeisterung für die italienische Lebensart machte auch vor mir nicht halt – von klein auf war ich immer dabei, wenn es meine Großeltern nach Italien zog.

Mit ihrem alten Ascona, den mein Großvater mit Unmengen an Gepäck bis unters Dach vollgepackt hatte, ging es meist zwei, drei Stunden nach Mitternacht auf die Autobahn Richtung Süden. Fortschrittlich für damalige Zeiten überließ mein Großvater dabei meiner Großmutter stets das Steuer, hielt er sie doch für die bessere Autofahrerin.

Noch während wir uns langsam über den Plöckenpass schlängelten, stimmten uns erste Sonnenstrahlen auf den Urlaub ein, und Oma Luise hielt an einer Raststätte, um ihren ersten Kaffee auf italienischem Boden zu trinken. Die letzten Stunden vergingen wie im Flug, und kaum bogen wir in die Einfahrt zur Villa Mansutti, wurden wir lautstark von der Besitzerin begrüßt. Signora Mansutti war eine italienische Hauswirtin wie aus dem Bilderbuch, klein, drahtig, mit sonnengegerbter Haut und einem durchdringenden Lachen. Es gab ein großes Hallo mit den anderen Gästen, die meisten waren langjährige Freunde meiner Großeltern, die wie jedes Jahr die Ferien am Meer verbrachten, alle ebenfalls mit eigenen Kindern oder Enkeln.

Diese Wochen hätten schöner nicht sein können: Hatte auch jede Familie ihr eigenes Apartment mit Küche, so standen die Türen meist offen und es wurde oft gemeinsam eingekauft und gekocht. Meine Großmutter war in ihrem Element, wenn es zum Markt ging, auf dem sie mit den Händlern um Preise feilschte, während diese mit wenigen Brocken Deutsch (»Kirsch ohne Wurm«) bei ihr Eindruck zu schinden versuchten. Zur Freude von uns Kindern stand natürlich überdurchschnittlich oft Pasta auf dem Speiseplan. Süßes durfte man manchmal bei Signora Mansutti probieren: War sie guter Laune, gab es selbst gebackenen Kuchen, hatten wir aber mal wieder gegen das oberste Gesetz der Hausordnung verstoßen (keine Holzclogs im Treppenhaus!), stand sie aufgebracht in der Tür, die Fäuste in die Hüften gestemmt, und schimpfte Zeter und Mordio.

Abends streiften alle Familien gemeinsam durch den Ort, bevor es in eine Trattoria ging. War ein internationales Fußballturnier im Gange, drängten sich die Männer um den Fernseher, während der Rest dem Charme italienischer Freilichtkinos erlag. »Kino« stand in diesem Fall für ein paar Reihen klappriger Holzstühle in einem Hinterhof, meist mit überschaubarem Programm: Adriano Celentano, Bud Spencer oder ein alter Disneystreifen. Auf dem Heimweg gab es Eis für alle, hatten doch italienische Eisdielen nicht nur eine Auswahl, von der man in Deutschland nur träumen konnte, sondern sie verstanden es auch meisterlich, einem mit ihren Kellen riesige Portionen auf die Waffeln zu türmen. Wir rätseln noch heute, ob Oma Luise mit ihrer Eiswahl unzufrieden war oder eher ein wenig zu viel Rotwein im Spiel war, als sie unvermittelt ihre Eiswaffel mitten auf die Windschutzscheibe eines geparkten Autos klatschte. Dass der Fahrer noch im Wagen war, merkten wir erst, als er wutschnaubend aus dem Auto sprang …

Über die Jahre und mit jedem neuen Ferienziel hat sich mein Bild von der italienischen Küche verändert, zu stark sind die kulinarischen Unterschiede der einzelnen Regionen. Meine Liebe zur italienischen Küche wurde dadurch aber nur größer.

Müsste ich nur ein einziges Land benennen, dessen Menschen es verstehen, die simpelsten Gerichte zu zelebrieren, die »Essen« als Synonym für »Lebensart« benutzen – es könnte nur Bella Italia sein.

ASTA FRU

TOMATEN-FOCACCIA

Bei unserem letzten Italienbesuch habe ich eine neue Frühstücksvariante für mich entdeckt: noch warme, herrlich nach Rosmarin duftende Tomaten-Foccacia mit frischem Büffel-Mozzarella. Für ein süßes Schleckermaul wie mich, ein eher ungewöhnlicher Start in den Tag. Wobei die Focaccia sich mindestens ebenso gut als Mitbring-Brot zum Grillen eignet (ist perfekt zum Eindippen in gutes Olivenöl) und mit allen erdenklichen Zutaten wie Oliven, Pesto, Nüssen oder Sardellenfilets gebacken werden kann. Sie ist darum auch das mit Abstand am häufigsten gebackene Brot in meiner Küche.

ZUTATEN

Für 1 Focaccia: 20 g frische Hefe (1 TL Trockenhefe geht aber auch) | 250 g Mehl (Type 550) | 1 knapper TL feines Meersalz | bestes Olivenöl | 12–15 kleine Kirschtomaten | 2 Zweige Rosmarin | grobes Meersalz

ZUBEREITUNG

Hefe mit 1/4 l Wasser verrühren. Mehl und feines Salz in einer Schüssel (mit Deckel) mischen, Hefewasser zugeben. In 2–3 Minuten mit einem Holzlöffel glatt rühren. Der Teig sollte recht weich und klebrig sein, sonst esslöffelweise noch Wasser zugeben. Abgedeckt in den Kühlschrank stellen und mindestens 6 Stunden gehen lassen (aber selbst 12 Stunden sind o.k.). Den Teig 1–2 Stunden vorm Backen aus dem Kühlschrank nehmen und bei Zimmertemperatur weitergehen lassen.

Backofen auf 230 °C (Umluft 210 °C) vorheizen. Ein Backblech mit Öl einpinseln. Teig mit einem Teigschaber behutsam aus der Schüssel lösen und auf das Backblech fließen lassen (die beim Gehen entstandenen Luftkammern geben der Focaccia-Krume später ihr charakteristisches Aussehen, deshalb lohnt es sich, den Teig so vorsichtig wie ein rohes Ei zu behandeln). Durch die weiche Teigkonsistenz lässt sich die Form der Focaccia lediglich durch das Ausgießen beeinflussen, allerdings passt das auch gut zum rustikalen Charakter des Brotes.

Die Fingerspitzen ins Öl tauchen und einige deutliche Vertiefungen in die Focaccia drücken. Die Tomaten waschen und in regelmäßigen Abständen in den Teig drücken. Großzügig mit Öl beträufeln, es soll sich auch ein wenig in den Vertiefungen sammeln. Den Rosmarin waschen, trockenschütteln und fein hacken. Zusammen mit wenig grobem Meersalz über der Focaccia verteilen. Im Ofen auf der zweiten Schiene von unten etwa 20 Minuten backen, bis die Focaccia sowohl von oben als auch von unten goldbraun und knuspig ist. Herausnehmen, auf einem Kuchengitter abkühlen lassen.

CANTINETTA

CICERI E TRIA

Ein klassisches Gericht der italienischen Cucina povera (Arme-Leute-Küche), das vor allem auf der salentinischen Halbinsel, dem »Absatz des italienischen Stiefels«, beheimatet ist. Auf den ersten Blick »nur eine Nudelsuppe«, aber was für eine! Selbst gemachte Hartweizennudeln ganz ohne Ei werden dafür nicht nur gekocht, ein Teil wird kross in Olivenöl ausgebacken. Gerade wenn das Wetter draußen schmuddelig und kalt ist, dann ist eine große Schüssel Ciceri e Tria der beste Seelentröster für mich.

ZUTATEN

Suppe für 4: 125 g getrocknete Kichererbsen (oder 1 Dose mit 240 g Abtropfgewicht) | 1 Zwiebel | 1 Knoblauchzehe | 2 EL Olivenöl | 1 1/2 l Gemüse- oder Hühnerbrühe | 2 Lorbeerblätter
Pasta für 4: 1/2 TL feines Meersalz | 150 g Hartweizenmehl (z.B. Semola di grano duro rimacinata 176 von De Cecco)
Außerdem: reichlich Olivenöl | 1 Knoblauchzehe | 1 getrocknete Chili (wer mag) | frisch gemahlener schwarzer Pfeffer | Parmesanspäne (wer mag)

ZUBEREITUNG

Getrocknete Erbsen über Nacht in reichlich kaltem Wasser einweichen. Nach mindestens 10 Stunden Einweichzeit in ein Sieb abgießen, kalt abbrausen.

Für die Pasta Salz in 75 ml sehr warmem Wasser auflösen. Mehl in eine große Schüssel füllen und esslöffelweise Salzwasser zugeben. Die Flüssigkeit mit den Händen immer erst vollständig ins Mehl einarbeiten (zwischen den Fingern zu Krümeln zerreiben), bevor der nächste Esslöffel Wasser zugegeben wird. Mit jeder Minute, die man den anfangs sehr unelastischen Teig knetet, wird er fühlbar geschmeidiger, 5 Minuten intensives Kneten sollten es darum schon sein (ist der Teig immer noch viel zu trocken, ein klein wenig mehr Wasser zugeben, ist er zu klebrig, ein wenig mehr Mehl). Den Teig zu einer Kugel formen, in Folie wickeln und 30 Minuten im Kühlschrank ruhen lassen.

Für die Suppe Zwiebel und Knoblauch schälen, fein würfeln und in einem großen Topf im Öl bei mittlerer Hitze anschwitzen. Mit Brühe ablöschen, abgetropfte Kichererbsen und die Lorbeerblätter dazugeben und alles zugedeckt bei kleiner Hitze etwa 1 Stunde kochen lassen, bis die Erbsen weich sind. (Nimmt man Dosen-Kichererbsen, entfällt das Weichkochen und die Erbsen müssen lediglich einige Minuten in der Suppe erhitzt werden.)

Den Pasta-Teig mit wenig Mehl bestäuben und von Hand oder mit der Nudelmaschine dünn ausrollen (ich gehe bis Stufe 7 von 9) und in breite, aber kurze Streifen schneiden. Dann auf dem mit Mehl bestäubten Tuch zum Trocknen ausbreiten.

In einer großen Pfanne gut fingerdick Olivenöl mit geschälter Knoblauchzehe und der Chili erhitzen. Ein Drittel der Nudelstreifen in mehreren Durchgängen darin goldbraun und kross frittieren (Chili und Knoblauch entnehmen, bevor sie dunkel und bitter werden), auf Küchenpapier abtropfen lassen. Übrige Nudeln in die Suppe geben und je nach Nudelstärke in 4–7 Minuten al dente garen. Suppe auf Teller verteilen, mit wenig Pfeffer, 1 Spritzer Olivenöl und den frittierten Nudeln garnieren. Ich gebe gerne noch Parmesanspäne darüber.

eingemacht & mitgebracht

EARL-GREY-TUILES

»Autsch!« ist das erste Wort, das mir bei dem Gedanken an Tuiles in den Sinn kommt, und zwar nicht ohne Grund: Möchte man die hauchzarten Waffelblätter zu Schälchen oder auch eleganten Röllchen formen, dann muss dies geschehen, solange die gebackenen Blätter noch heiß sind. Somit ist die Gefahr recht hoch, sich dabei die Finger zu verbrennen. Aber wie so oft macht Übung den Meister. Und nicht verzagen – was zu Bruch geht, schmeckt mindestens genauso gut wie das geformte Gebäck! Wer keinen Earl Grey mag, kann auch eine andere Schwarzteesorte verwenden – oder das Rezept ganz ohne Tee backen.

REICHT FüR 4–5 BACKBLECHE
ZUBEREITUNGSZEIT: 25 MINUTEN PLUS 6–8 MINUTEN BACKEN PRO BACKBLECH

50 g Butterschmalz
50 g Mehl
75 g feinster Kristallzucker
1/2 Bio-Zitrone
1 TL Earl-Grey-Teeblätter
2 Eiweiß (Größe M)
1 Prise feines Meersalz

Außerdem

Backmatte aus Silikon (ersatzweise Backpapier)

Schmalz bei niedriger Hitze in einem kleinen Topf schmelzen und abkühlen lassen (füllt man es in einen anderen Behälter um, kühlt es schneller ab). Den Backofen auf 200 °C (Umluft 180 °C) vorheizen.

Mehl in eine Schüssel sieben und den Zucker zugeben. Die Zitrone heiß waschen, die Schale fein abreiben (ohne das bittere Weiße) und hinzufügen. Die Earl-Grey-Teeblätter fein mörsern, zum Mehl sieben und alles gleichmäßig vermengen. Das vollständig abgekühlte Butterschmalz unterrühren. Eiweiße mit Salz aufschlagen, sodass sie schaumig, aber noch nicht steif sind, und unter den Teig mengen. Das Ergebnis ist ein relativ zäher Teig.

Das Backblech mit der Backmatte auslegen (sie verrutscht beim Aufstreichen des Teiges im Gegensatz zu Backpapier nicht). Nun streicht man den Teig gleichmäßig und sehr dünn auf, sonst bräunt er später unterschiedlich schnell. Am besten eignen sich dazu ein Pinsel oder ein weicher Silikonspatel. Für Tuiles oder Röllchen den Teig freihändig in kleinen Kreisen (etwa 10 cm Ø) aufstreichen (soll es ganz genau sein, eine runde Ausstechform auf die Matte setzen und mit Teig auspinseln). Für befüllbare Waffelschälchen müssen die Kreise schon anderthalbmal so groß sein. Wem das zu aufwendig ist, der streicht einfach eine rechteckige Form auf die Backmatte (wieder gleichmäßig dünn), diese lässt sich unmittelbar nach dem Backen mit einem Messer in dünne, dekorative Streifen schneiden. Für welche Form man sich auch entscheidet: Niemals zu viel gleichzeitig auf ein Blech geben, da der Teig nach dem Backen innerhalb weniger Sekunden geformt werden muss.

Im Ofen (Mitte) 6–8 Minuten backen, bis der Teig durchweg eine goldbraune Farbe angenommen hat. Dann herausnehmen, nach und nach die Waffelblätter mit einem Pfannenwender vom Blech heben und schnell formen: Für Tuiles legt man die runden Blätter einfach über einen Kochlöffelstiel und für Röllchen wickelt man sie vorsichtig darum. Für Schälchen legt man sie über den Boden eines umgestülpten Glases oder einer umgedrehten kleinen Schüssel. Vollständig abkühlen lassen. Luftdicht verpackt bleibt das Gebäck einige Tage knusprig. Klassisch zum Tee oder zu Eiscreme.

GRIEBENSCHMALZ MIT APFEL

Besuchen uns Freunde aus dem Ausland, dann staunen sie immer über die bayrische Biergartenkultur und die Tradition, die es erlaubt, seinen eigenen Brotzeitkorb mitzubringen: Im Schatten von Kastanienbäumen wird ein kariertes Tischtuch ausgebreitet und am Ausschank werden gleich ein paar frisch gezapfte Maß Bier oder Radler geholt. Zu einer zünftigen Bayern-Brotzeit gehören Obatzda und Rettich genauso wie Hendl, Brezen und knuspriges Bauernbrot. Oder Griebenschmalz, am besten selbst gemacht mit Apfel und Zwiebel. Und bitte nicht über die Kalorien nachdenken, sondern einfach genießen!

REICHT FüR 3 GLäSER (JE 200 ML FASSUNGSVERMöGEN)
ZUBEREITUNGSZEIT: 45 MINUTEN PLUS ZEIT ZUM KüHLEN

500 g fetter Schweinespeck (vom Rücken)
1 Zwiebel
1 säuerlicher Apfel
feines Meersalz
frisch gemahlener schwarzer Pfeffer

Nach Gusto

getrockneter Majoran und Thymian, Lorbeerblätter, fein geschnittener Knoblauch

Außerdem

Einmachgläser oder Twist-off-Gläser (sterilisiert)

Den Schweinespeck in nicht zu kleine Würfel schneiden. In einen großen Topf geben und bei mittlerer Hitze auslassen, dabei immer mal wieder umrühren. Achtung: Je mehr Fett aus den Speckstückchen herausbrät, desto mehr spritzt das Ganze, gelegentlich springt sogar eine Griebe aus dem Topf. Aus diesem Grund sollte man entweder einen Spritzschutz über den Topf legen oder den Topf mit einem Deckel bedecken und diesen einen Spaltbreit offen lassen.

Inzwischen Zwiebel schälen und relativ fein würfeln. Apfel vierteln, entkernen und schälen, dann jedes Viertel noch mal längs halbieren und quer in dünne Scheibchen schneiden. Sobald die Grieben eine leicht goldbraune Farbe angenommen haben (nach 10–15 Minuten), Zwiebelwürfel und Apfelscheiben zugeben, aber nicht erschrecken, wenn die Mischung kräftig aufschäumt, das legt sich schnell wieder. Würzen und abschmecken (aber vorsichtig, da sehr heiß): Ich mag das Schmalz am liebsten nur mit Salz und Pfeffer gewürzt, aber wer mag, kann natürlich auch Kräuter oder Knoblauch zugeben.

Den Topf vom Herd nehmen, sobald auch Zwiebel und Apfel eine goldene Farbe angenommen haben. Alles durch ein großes Sieb abgießen (Fett auffangen) und Grieben, Zwiebel und Apfel auf die Gläser verteilen. Mit flüssigem Fett auffüllen, Gläser verschließen und abkühlen lassen. Ergibt mit knusprigem Bauernbrot eine zünftige Brotzeit. Kühl gelagert ist das Schmalz einige Wochen haltbar.

Tipp: Ist das Schmalz zum baldigen Gebrauch bestimmt, kann es auch einfach in Ton- oder Pastetentöpfchen gefüllt werden.

MOZARTKUGELN

Das Rezept stammt noch von meiner Schulfreundin Sandra, die mich vor vielen Jahren damit überzeugte, dass selbst gemachte Pralinen nicht nur unglaublich gut schmecken, sondern auch noch erstaunlich einfach herzustellen sind. Fällt mir für jemanden kein passendes Geschenk ein, über die hübsch verzierten Mozartkugeln hat sich noch jeder gefreut. Zum Verschenken stapelt man sie entweder in einer mit Seidenpapier ausgelegten Dose oder füllt sie in kleine Cellophantütchen, die mit einer bunten Schleife verschlossen werden.

ERGIBT 36 STüCK
ZUBEREITUNGSZEIT: 1 STUNDE
PLUS 30 MINUTEN KüHLEN UND ZEIT ZUM TROCKNEN

200 g gut gekühltes Nussnougat
3 EL Pistazienkerne (etwa 25 g)
200 g Marzipanrohmasse
80 g Puderzucker
1 EL Kirschwasser (oder gerne auch ein anderer Obstschnaps)
150 g Vollmilch- oder Zartbitterkuvertüre (Sorte nach eigenem Geschmack wählen)

Das Nougat in 36 gleich große Würfel schneiden. Jeden Würfel rasch zur Kugel formen (dabei mehr drücken als rollen), damit das Nougat nicht warm wird (ist sonst eine ziemlich schmierige Angelegenheit). Zum Festwerden 30 Minuten abgedeckt in den Kühlschrank stellen.

Die Pistazien im Mörser fein mahlen. Marzipan grob würfeln und in eine Schüssel geben, Puderzucker darübersieben, zwei Drittel der gemahlenen Pistazien und das Kirschwasser zufügen. Alles mit den Händen zu einer gleichmäßigen Masse verkneten und dann auf der Arbeitsfläche zu einer 3–4 cm dicken Rolle formen. In 36 gleich große Scheiben schneiden. Jede Scheibe in der Hand flach drücken, eine Nougatkugel daraufsetzen und mit dem Marzipan umhüllen, sodass der Nougatkern vollständig umschlossen ist. Zwischen den Händen zu Kugeln rollen. Die fertigen Kugeln bis zur weiteren Verarbeitung abgedeckt in den Kühlschrank geben.

Ein Backblech mit Backpapier auslegen. Die Schokolade temperieren: Kuvertüre fein hacken, zwei Drittel davon in eine Metallschüssel geben und überm heißen Wasserbad unter Rühren langsam zum Schmelzen bringen (wird die Schokolade zu heiß dabei, klumpt sie). Dabei darf die Schüssel das Wasser nicht berühren und kein Wasser zur Kuvertüre gelangen. Ist die Kuvertüre vollständig geschmolzen, die Schüssel vom Wasserbad nehmen und die übrige gehackte Kuvertüre unterrühren, bis sie auch geschmolzen ist.

Mit einer (Pralinen-)Gabel nach und nach jede Kugel in die Kuvertüre tauchen, kurz abtropfen lassen und vorsichtig auf dem Blech ablegen. Mit den restlichen gemahlenen Pistazien bestreuen und in einem kühlen Raum trocknen lassen. Dann in Dosen luftdicht verpacken und kühl lagern. So halten sich Mozartkugeln mehrere Wochen, am besten schmecken sie aber frisch.

HAUSGEMACHTE LIMONADE

war immer etwas Besonderes für uns Kinder, auch wenn das Rezept meiner Großmutter aus nichts als Wasser, Zitronensaft und Zucker bestand. Randvoll mit Eiswürfeln und Zitronenscheiben gefüllt, war der Krug stets innerhalb kürzester Zeit geleert. Auch heute noch kann ich an heißen Sommertagen nicht genug davon bekommen, meine drei Lieblingsvarianten bieten für jeden Geschmack das Richtige.

ERGIBT JE 700 ML SIRUP
ZUBEREITUNGSZEIT: 20–30 MINUTEN PRO SIRUP
PLUS ZEIT ZUM AROMATISIEREN UND KüHLEN

Limetten-Basilikum-Sirup
4–5 Limetten (davon 2 Bio-Limetten)
300 g Zucker
1 Bund Basilikum

Ingwer-Eistee-Sirup
3–4 Zitronen (davon 1 Bio-Zitrone)
1 Stück frischer Ingwer (2–3 cm)
300 g Zucker
3 TL Earl-Grey-Teeblätter
Teesieb oder Teefilter aus Papier

Rote-Beeren-Sirup
500 g tiefgekühlte oder frische gemischte rote Beeren (z.B. Heidelbeeren, Erdbeeren, Himbeeren, Johannisbeeren und Brombeeren) und Kirschen
1/2 Zitrone
300 g Zucker

Außerdem
gut verschließbare Flaschen (sterilisiert)

Limetten-Basilikum-Sirup – säuerlich & frisch
Die Bio-Limetten heiß waschen und die Schale fein abreiben. Den Saft von allen Limetten auspressen, es müssen 150 ml sein. 350 ml Wasser, Zucker, Limettenschale und -saft in einem Topf zum Kochen bringen, 5 Minuten bei geringer Hitze köcheln lassen, vom Herd nehmen. Basilikumblätter grob zerzupfen und in den Zitrussirup rühren, etwa 1 Stunde ziehen und Aroma nehmen lassen. Dann durch ein feines Sieb gießen, das Basilikum mit dem Löffel gut ausdrücken. Sirup in sterilisierte Flaschen abfüllen, gut verschließen. Oder den Sirup nach einigen Stunden Kühlzeit direkt verbrauchen.

Ingwer-Eistee-Sirup – scharf & leicht herb (mein Favorit)
Die Bio-Zitrone heiß waschen und die Schale fein abreiben. Den Saft von allen Zitronen auspressen, es müssen 150 ml sein. Ingwer waschen und samt Schale fein reiben oder hacken. Alles zusammen mit 350 ml Wasser und Zucker in einem Topf zum Kochen bringen, vom Herd nehmen. Teeblätter in das Sieb oder den Filter füllen und zum Sirup geben, 5 Minuten ziehen und Aroma nehmen lassen. Dann Teeblätter leicht ausdrücken und entfernen. Sirup durch ein feines Sieb gießen, in sterilisierte Flaschen abfüllen, gut verschließen. Oder den Sirup nach einigen Stunden Kühlzeit direkt verbrauchen.

Rote-Beeren-Sirup – fruchtig & süß
Die tiefgekühlten Früchte kann man direkt verwenden, sie müssen nicht erst aufgetaut werden. Frische Früchte verlesen, falls nötig waschen, putzen, entsteinen oder von den Stielen streifen. Die Zitrone auspressen. Die Früchte und den Zitronensaft mit 300 ml Wasser und Zucker in einen Topf geben, zum Kochen bringen und bei geringer Hitze 5 Minuten köcheln lassen. Den ganzen Topfinhalt durch ein großes Sieb gießen, die Früchte dabei mit einer Schöpfkelle sorgfältig ausdrücken. Sirup in sterilisierte Flaschen abfüllen, gut verschließen. Oder den Sirup nach einigen Stunden Kühlzeit direkt verbrauchen.

Verwendung
Den Sirup im Verhältnis 1 : 3 oder 1 : 4 mit Wasser oder Sprudel verdünnen und mit Eiswürfeln servieren. Ein Schuss Rote-Beeren-Sirup macht aus Prosecco oder Martini bianco einen farbenfrohen Aperitif. Im Kühlschrank aufbewahrt ist der Sirup einige Tage haltbar.

FRUIT!

BLUTORANGENGELEE MIT THYMIAN

Der Keller und die angrenzende Waschküche meiner Großeltern waren immer das reinste Schlaraffenland: Neben zwei riesigen Gefriertruhen, von denen die eine einen derart schweren Deckel hatte, dass ich sie als Kind gar nicht alleine öffnen konnte, und einem klapprigen Holzregal, hinter dessen schrecklichem 70er-Jahre-Vorhang sich frisches Obst und Gemüse verbargen, gab es vor allem eins im Übermaß – Eingekochtes. Konnte man auch das ein oder andere Glas mit eingelegtem Gemüse oder Früchten in Alkohol finden, so dominierten doch ein paar Dutzend Weckgläser mit süßen Marmeladen und Gelees das Bild. Erdbeermarmelade, Himbeermarmelade, Kirschmarmelade, Johannisbeergelee, Holundergelee mit Apfel und Pflaumenmus gehörten zum Standard-Repertoire, das ausnahmslos aus Früchten des eigenen Gartens zubereitet wurde und nie zur Neige zu gehen schien.

Ich selbst koche Marmeladen und Gelees zwar nie in den Mengen ein, die meine Großeltern damals produziert haben, trotzdem ist es eine lieb gewonnene Tradition geblieben. Und sie schmecken so viel besser als gekaufte!

REICHT FüR 5–6 GLäSER (JE 200 ML FASSUNGSVERMöGEN)
ZUBEREITUNGSZEIT: 30 MINUTEN

- 8–10 Zweige Thymian
- 1 Vanilleschote
- 2–3 kg Blutorangen (je nach Saftgehalt, ich nehme gerne 1 Zitrone und 2 Pink Grapefruits dazu)
- 1 kg Gelierzucker (1 : 1) oder 500 g Gelierzucker (1 : 2)

Außerdem

- Küchengarn
- Twist-off-Gläser (sterilisiert)

Thymian waschen und trockenschütteln, mit Küchengarn zu einem Sträußchen binden. Die Vanilleschote längs aufschlitzen, das Mark herauskratzen. Die Orangen (sowie die Grapefruits und die Zitrone) auspressen, den Saft durch ein feines Sieb gießen und 1 l abmessen. Zusammen mit Gelierzucker, Thymian und Vanilleschote samt Mark in einen großen Topf geben, gut durchrühren und zum Kochen bringen. Dann bei mittlerer bis starker Hitze 5 Minuten sprudelnd kochen lassen, dabei immer wieder umrühren. Bereits vor Ablauf der Kochzeit eine Gelierprobe machen: ein paar Safttropfen auf einen Teller geben. Werden diese nach einigen Sekunden geleeartig fest, dann kann der Saft abgefüllt werden. Sonst die Kochzeit noch um 1–2 Minuten verlängern. Thymian und Schote entfernen.

Den Saft bis knapp unter den Rand in die Gläser füllen (geht ohne zu Kleckern mit einem Einfülltrichter) und fest verschließen – am besten mit Hilfe eines Geschirrtuchs, denn die Gläser sind sehr heiß! Ob man nun die befüllten Gläser einige Minuten auf den Kopf stellt (zum Abtöten der Keime in der verbliebenen Luft) ist eine Glaubensfrage, dann wieder richtig herum komplett abkühlen lassen. Jetzt prüfen, ob sich ein Vakuum gebildet hat – der Deckel »klickt« nicht mehr auf Druck. Perfekt! Kühl und dunkel aufbewahrt ist das Gelee in den geschlossenen Gläsern bis zu 1 Jahr haltbar. Und sollte sich wirklich mal kein Vakuum gebildet haben, wird das Gelee einfach gleich beim nächsten Frühstück vernascht.

Tipp: Wer keinen Gelierzucker verwenden möchte, kann das Gelee auch mit regulärem Zucker und der Zugabe von Zitronensäure oder Pektin (aus der Apotheke oder auch gut sortierten Supermärkten) einkochen. Die Mengenverhältnisse und die Kochzeit sind dann an die Empfehlung des Herstellers anzupassen.

GEFLÜGELLEBER-STEINPILZ-PATÉ MIT PISTAZIEN

»Ich esse alles, nur keine Innereien!« bekomme ich regelmäßig zu hören, wenn ich meine Gäste nach ihren Essgewohnheiten frage. Dabei kommt es doch eigentlich nur darauf an, wie man sie zubereitet – zu dieser cremigen Paté mit Steinpilzen und Marsala jedenfalls konnte noch niemand Nein sagen. Die Pistazien sorgen dabei für den besonderen Crunch-Effekt. Ausprobieren und genießen. Oder verschenken und jemanden glücklich machen.

REICHT FüR 4–6 (ODER 1 FORM MIT ETWA 350 ML FASSUNGSVERMöGEN)
ZUBEREITUNGSZEIT: 30 MINUTEN PLUS 2 STUNDEN KüHLEN

5 g getrocknete Steinpilze
200 g Geflügellebern
75 g Butter
3–4 Zweige Thymian
1 Schalotte
feines Meersalz
frisch gemahlener schwarzer Pfeffer
2 EL Marsala
2 EL Crème double
2–3 EL gesalzene Pistazienkerne
3 EL Entenfett (ersatzweise Butter)

Steinpilze in heißem Wasser mindestens 15 Minuten einweichen, dann ausdrücken und fein hacken. In der Zwischenzeit die Geflügellebern unter fließendem kalten Wasser waschen und auf Küchenpapier abtropfen lassen. Die Sehnen und die Häutchen entfernen, große Lebern halbieren. 50 g Butter in einem kleinen Töpfchen schmelzen und abkühlen lassen.

Thymian waschen und trockenschütteln, die Blättchen abzupfen. Schalotte schälen und in feine Würfel schneiden. Restliche Butter in einer Pfanne bei mittlerer Hitze aufschäumen lassen, Schalottenwürfel darin glasig anschwitzen. Den Thymian dazugeben, ebenso die vorbereiteten Lebern und die Steinpilze. Die Lebern rundherum anbraten (insgesamt etwa 6 Minuten, zum Test eines der dickeren Stücke anscheiden, es sollte innen kaum mehr rosa sein). Salzen und pfeffern, mit Marsala ablöschen.

Den gesamten Inhalt der Pfanne im elektrischen Zerhacker nicht zu fein pürieren, dann die abgekühlte Butter und die Crème double unterrühren. Die Pistazien grob hacken und etwa die Hälfte unter die Paté rühren. Paté in eine Porzellanform füllen und abgedeckt im Kühlschrank für 1 Stunde kalt stellen.

Entenfett bei niedriger Hitze schmelzen und mit einem Esslöffel über die Paté geben. Die restlichen Pistazien gleichmäßig darüberstreuen und die Paté nochmals mindestens 1 Stunde kalt stellen. Gut abgedeckt ist sie im Kühlschrank mehrere Tage haltbar. Am besten mit ofenfrischem Brot servieren.

BUTTERKARAMELLEN MIT FLEUR DE SEL

Nicht, dass mir hinterher Klagen kommen: Die Kombination aus süßem Butterkaramell und zarten Salzkristallen gehört schlichtweg verboten – diese Karamellen machen jeden süchtig! Am Anfang braucht es zwar noch etwas Übung, das Karamell nicht anbrennen zu lassen und genau zum richtigen Zeitpunkt vom Herd zu nehmen, aber die Mühe lohnt sich und mit jedem Versuch geht es einem leichter von der Hand. Auch wenn meine Zahnärztin davon wenig begeistert sein dürfte ...

ERGIBT ETWA 50 STüCK
ZUBEREITUNGSZEIT: 30 MINUTEN PLUS 1–2 STUNDEN ZUM FESTWERDEN

ein paar Tropfen Sonnenblumenöl
75 g Butter
200 g Sahne
75 g Golden Sirup (englischer Zuckersirup, gibt es in gut sortierten Supermärkten)
200 g Zucker
1/2 TL Fleur de Sel / Maldon Meersalz (plus etwas mehr fürs Finish)

Außerdem
Zuckerthermometer
eventuell Wachspapier zum Einwickeln

Eine flache, quadratische Form (etwa 14 x 14 cm) mit Backpapier ausschlagen und dieses leicht mit Öl einfetten. Butter und Sahne in einem kleinen Topf einmal aufkochen, dann warm halten.

75 ml Wasser, Golden Sirup und Zucker in einem großen Topf bei mittlerer bis starker Hitze aufsetzen und rühren, bis sich der Zucker aufgelöst hat. Die Mischung köcheln lassen, bis sie goldgelb ist und eine Temperatur von 115 °C erreicht hat (mit einem Zuckerthermometer messen), dann die Buttersahne einrühren, was die Mischung kurz heftig aufschäumen lässt. 10–15 Minuten unter regelmäßigem Rühren kochen lassen, bis das Karamell eine Temperatur von etwa 120 °C (für weiche Karamellen) oder 125 °C (für härtere Karamellen) hat, vom Herd nehmen und das Salz unterrühren. Karamellmasse in die vorbereitete Form gießen und 1–2 Stunden abkühlen und fest werden lassen.

Dann das Butterkaramell auf ein Brett stürzen und das Backpapier abziehen. Das Karamell in längliche Rechtecke schneiden und – das funktioniert nur bei den weichen Karamellen – die Oberseite fürs Finish in ein wenig Fleur de Sel drücken, sodass einige Salzkristalle kleben bleiben. Sorgt für ein sensationelles Geschmackserlebnis!

Die Butterkaramellen entweder in einer luftdicht verschlossenen Dose aufbewahren (dann zwischen jede Lage ein Stück Backpapier geben) oder einzeln in Wachspapier einwickeln.

Tee-Vanille-Karmellen: Die Karamellen wie oben zubereiten, dabei 1 längs aufgeschnittene Vanilleschote samt Mark sowie 1–2 Teebeutel (z. B. Earl Grey, Chai) 5–10 Minuten in der heißen Buttersahne ziehen lassen (Schote und Beutel dann entfernen). Salz weglassen.

Kakaokaramellen: Die Karamellen wie oben zubereiten, dabei kurz bevor das Karamell die gewünschte Temperatur (120 °C oder 125 °C) erreicht hat, noch 1–2 EL ungesüßtes Kakaopulver unterrühren. Das Salz weglassen.

GEBRANNTE MANDELN

gehören zu jedem Volksfest- oder Weihnachtsmarkt-Besuch: Bereits von weitem steigt einem der Duft der karamellisierten Nüsse in die Nase und ehe man sich versieht, hält man auch schon eine der bunt bedruckten Tüten in den Händen, aus der dann bis zur letzten Mandel genüsslich genascht wird. Das war allerdings bevor ich erfahren habe, wie leicht man diese Knabberei in der eigenen Küche herstellen kann. Ein bisschen Geduld beim Karamellisieren und Vorsicht im Umgang mit dem heißen Zucker sind nötig, aber sonst: ein Kinderspiel. Unbedingt ausprobieren, auch mal mit anderen Nüssen!

REICHT FüR 4–6 ZUM KNABBERN
ZUBEREITUNGSZEIT: 20 MINUTEN

125 g Zucker
2 EL Vanillezucker
1/2–1 TL Zimtpulver
200 g ungehäutete Mandeln (auch sehr fein sind Walnüsse, Macadamianüsse, Haselnüsse, Pecannüsse, ...)

Ein Backblech mit Backpapier auslegen.

100 ml Wasser, den Zucker, den Vanillezucker und den Zimt in einer großen Pfanne zum Kochen bringen. Dann die Mandeln zugeben und alles bei mittlerer bis starker Hitze kochen lassen, dabei ab und zu umrühren. Nach 5–8 Minuten ist die Flüssigkeit verdampft und der Zucker überzieht die Mandeln mit einer trockenen Kruste.

Jetzt die Temperatur etwas reduzieren und so lange weiterrühren, bis der Zucker sich wieder verflüssigt hat und als Karamell alle Mandeln relativ gleichmäßig umhüllt. Auf das vorbereitete Backblech schütten. Die Mandeln mit zwei Gabeln schnell voneinander trennen (nicht mit den Fingern, da sehr heiß!) und dann abkühlen lassen. In einem luftdicht verschlossenen Behälter sind die Mandeln einige Tage haltbar, am besten schmecken sie aber ganz frisch und noch leicht warm.

Chili-Walnüsse: Wer es gerne ein wenig schärfer mag, der probiert folgende Variante – anstelle des Zimtpulvers einfach 1/4–1/2 TL Chiliflocken und 1/2 TL mittelscharfes, geräuchertes Paprikapulver (Pimentón de la Vera) zugeben, statt der Mandeln hier Walnüsse nehmen. Außerdem: Wenn der Zucker wieder flüssig wird, die Nüsse noch mit wenig Fleur de Sel bestreuen.

Ich glaube, nein, ich weiß, dass ich noch nie an einem Projekt gearbeitet habe, dass mich in so vielen verschiedenen Belangen vereinnahmt hat wie dieses Buch – himmelhochjauchzende Luftsprünge und verzweifeltes Haareraufen inklusive. Für ein ganzes Jahr hat es mich auf Schritt und Tritt begleitet und ist mir mit jedem Tag mehr ans Herz gewachsen.

EIN DICKES DANKE AN ...

... meinen Verlag Gräfe und Unzer, besonders Georg Kessler, Doris Birk und Birgit Rademacker, die sich mutig auf mein Konzept eingelassen haben und mir an den richtigen Stellen kreativen Freiraum ließen.

... meine Redakteurin Sabine Sälzer, die mich von Anfang an mit ihrem riesigen Erfahrungsschatz und ihrer unglaublichen Begeisterungsfähigkeit begleitet hat. Ohne sie gäbe es dieses Buch nicht.

... meine Lektorin Christina Kempe, deren herzerfrischendes Lachen auch bei engen Deadlines immer aufheiterte und motivierte. Zusammen mit Sabine das beste Team, das man sich als frischgebackene Buchautorin nur wünschen kann.

... Sebastian Dickhaut, Kochbuch-Bestsellerautor und guter Freund, den ich besonders schätze wegen seines großen Herzens und seiner unbändigen Neugierde aufs Leben. Er brachte den Stein ins Rollen.

... die Leser von deliciousdays.com und alle Foodblogger: Die kulinarische Seite des Internets ist für mich mit die größte Bereicherung der letzten Jahre, nie war es einfacher in fremde Küchen einzutauchen, neue Gerichte und Zutaten zu entdecken und sich mit kochbegeisterten Menschen auf allen Kontinenten auszutauschen.

... alle lieben Freunde, Kollegen, Testesser und Testköche, die nie müde wurden, mit ihrem Feedback auszuhelfen und Ideen beizusteuern, insbesondere an Coco Lang, Kristin Hellmig, Harry Baeck, Franzi Brauner, Maria Baier, Hande und Theo Leimer, Stephanie und David Kunstle (& Familie), Familie Dickerson, Emily Nyquist, Sherry und Bob Page, Georg Haury, Erika Bürk, Ulrike Sepp, Katrin Eymers, Sven Lehmann, Sabine Schöfer, Hans Hollweck, Ulli Hauser, Birgit Krennbauer, Mauro Mahjoub, Ruth Idris, Eddie Ibrahim, Dagmar und Craig Davis, Anja Weisbach, Carlos Martinez, Saskia Turner, Kevin Scoones, Sylvie Obers, Stefan Birkel, Carol Andrej Stockinger, Juan Vazquez Regueiro, Patricia Holler, Elise Bauer, Josh Friedman, David Lebovitz, Johanna Wagner, Petra Holzapfel, Kelli Bernard, Beate Muschler, Maike Damm, Tanja Dusy, Bettina Matthaei, Bärbel und Wolf Seidel, Ruth und Rudi Herfurtner, Mathilde Strasser, Fritz Weich, Lena und Gitti Henneberg, Joachim Fischer sowie die Kaltmamsell.

... meine Familie, die mir die Liebe zum Kochen und zu gutem Essen mitgab und ihre endlose Geduld, bis ich mich mit grünem Gemüse, Pilzen und noch so allerlei anderem anfreunden konnte. Oma Luise für meine schönsten Kindheitserinnerungen in ihrer Küche.

... Oliver. Für einfach alles.

PRAKTISCHE INFOS

Hatte ich deliciousdays.com zwar von Anfang an bewusst in englischer Sprache verfasst, weil ich es besonders reizvoll fand, mich mit kochbegeisterten Menschen aus anderen Ländern und Kulturen auszutauschen, so barg gerade diese Internationalität auch einige Hürden. Bin ich es gewohnt, meine Zutaten (vor allem beim Backen) mit einer digitalen Waage in Gramm abzuwiegen, so bevorzugen etwa viele amerikanische Leser das Abmessen nach Volumen anhand von Messlöffeln (Cups und Spoons), andere verwenden Maßeinheiten wie Ounces (OZ) oder messen Ofentemperaturen nach Fahrenheit (°F) statt nach Celsius (°C).

Wer gerne über den eigenen Tellerrand hinaus in fremde Töpfe spitzt und anderer Länder Rezepte ausprobiert, der ist mit einer kleinen Grundausstattung bestens gerüstet: Eine digitale Küchenwaage, die ein Umschalten von Gramm auf Ounces erlaubt, sowie ein Cup- und Spoon-Set sind für jeden erschwinglich. Darüber hinaus erspart ein kleines, separates Backofen-Thermometer mit Celsius- und Fahrenheitanzeige nicht nur lästiges Umrechnen, es dient auch zur Kontrolle der tatsächlich vorhandenen Backofentemperatur.

Weizenmehl: Da die verwendeten deutschen Weizenmehl-Typenbezeichnungen nicht in allen Ländern gebräuchlich sind, kann folgende Faustregel für die Rezepte in diesem Buch angewandt werden (eventuell die verwendeten Mengen geringfügig anpassen, bis der Teig die gewünschte Konsistenz aufweist):
Type 405: Mehl für feineres Gebäck (z.B. unbleached pastry flour),
Type 550: Mehl für rustikaleres Gebäck und Brot (z.B. unbleached all-purpose flour/unbleached bread flour).

Hefe: Ich backe am liebsten mit frischer Hefe und kann dies nur empfehlen, auch wenn man in manchen Ländern etwas länger danach suchen muss (entweder im Milchregal von Supermärkten schauen oder in der kleinen Bäckerei an der Ecke nachfragen). Möchte man trotzdem mit Trockenhefe arbeiten oder ist darauf angewiesen, dann verwendet man etwa die Hälfte des Gewichts der frischen Hefe oder folgt den Dosierungsempfehlungen auf dem verwendeten Hefepäckchen. Das Tolle am Backen mit Hefe ist, dass ein paar Gramm hin oder her das Backergebnis nicht groß verändern – im Zweifel braucht der Teig dann nur etwas länger (oder kürzer), um schön aufzugehen.

Umrechnungen (gerundet)

nach Volumen

Milliliter (Metrisch)	=	Fluid OZ (Imperial)	=	Fluid OZ (US)	=	Esslöffel (US)	=	Cup (US)
30 ml		1,05 fl oz		1 fl oz		2 EL		1/8
60 ml		2,1 fl oz		2 fl oz		4 EL		1/4
80 ml		2,8 fl oz		2,7 fl oz		5,3 EL		1/3
120 ml		4,2 fl oz		4 fl oz		8 EL		1/2
240 ml		8,4 fl oz		8,1 fl oz		16 EL		1

1 TL = 5 ml
1 EL = 15 ml
1 US quart = 1 l = 1000 ml

nach Gewicht

1 Unze	=	30 g
1 Pfund	=	450 g
100 g	=	3,5 oz

Celcius	=	Fahrenheit
100 °C	=	210 °F
120 °C	=	250 °F
140 °C	=	285 °F
160 °C	=	320 °F
180 °C	=	355 °F
200 °C	=	390 °F
220 °C	=	430 °F
230 °C	=	445 °F

Weitere Hilfe beim Umrechnen diverser Maßeinheiten findet sich online:

http://unit-converter.org
http://www.gourmetsleuth.com/conversions.htm
http://www.metric-conversions.org/

REGISTER

Damit Sie Rezepte mit bestimmten Zutaten noch schneller finden können, stehen in diesem Register zusätzlich auch beliebte Zutaten wie **Chili** oder **Kräuter** – ebenfalls alphabetisch geordnet und hervorgehoben – über den entsprechenden Rezepten.

IMPRESSUM

Ihre unvergleichliche Leidenschaft fürs Kochen und Reisen war es, die **Nicole Stich** Anfang 2005 inspirierte www.deliciousdays.com ins Leben zu rufen: Der international renommierte Foodblog bietet eine gelungene Mischung aus persönlichen Rezepten und Anekdoten, Food-News und stilvoller Food-Fotografie und hat Nicole Stich nicht nur eine große Leserschaft und zahlreiche Auszeichnungen beschert, sondern auch ihre berufliche Laufbahn verändert. Zugunsten ihrer Passion fürs Essen, Schreiben und Fotografieren hat sie ihre Karriere als Designerin auf Eis gelegt und ihr erstes Kochbuch bei Gräfe und Unzer geschrieben – eine bunte Mischung aus unwiderstehlichen Rezepten, selbst erlebten Geschichten und Bildern, die Lust auf mehr machen.

Doris Birk:
Programmleitung

Birgit Rademacker:
Leitende Redakteurin

Sabine Sälzer:
Projektleitung, Redaktion

Nicole Stich:
Gestaltung & Layout, Cover, Fotos

Art Direction:
independent medien design

Redaktionsbüro Christina Kempe, München:
Lektorat, Satz/DTP; Gestaltung

Markus Plötz:
Herstellung

Petra Bachmann:
Schlusskorrektur

Longo AG, Bozen:
Repro

Firmengruppe APPL, Wemding:
Druck und Bindung

Bildnachweis

Nicole Stich: alle Fotos bis auf folgende ...

Oliver Seidel: Seite 7, 15, 19, 26, 36, 41 rechts oben, 42, 45 rechts oben, 50, 71 links oben und unten, 73 Steps, 127 links unten und rechts oben, 128 links unten, 130, 139, 150 rechts oben, links unten, 154 rechts oben, 165, 176 links unten, 177, 184, 188, 204/205, 215

Familie Völkl (privat): 94, 97, 98, 100

Cadicamo Photography: 73 oben rechts

ISBN 978-3-8338-1222-4

1. Auflage 2008

GRÄFE UND UNZER

Ein Unternehmen der
GANSKE VERLAGSGRUPPE

Unsere Garantie

Alle Informationen in diesem Ratgeber sind sorgfältig und gewissenhaft geprüft. Sollte dennoch einmal ein Fehler enthalten sein, schicken Sie uns das Buch mit dem entsprechenden Hinweis an unseren Leserservice zurück. Wir tauschen Ihnen den GU-Ratgeber gegen einen anderen zum gleichen oder ähnlichen Thema um.

Liebe Leserin und lieber Leser,

wir freuen uns, dass Sie sich für ein GU-Buch entschieden haben. Mit Ihrem Kauf setzen Sie auf die Qualität, Kompetenz und Aktualität unserer Ratgeber. Dafür sagen wir Danke! Wir wollen als führender Ratgeberverlag noch besser werden. Daher ist uns Ihre Meinung wichtig. Bitte senden Sie uns Ihre Anregungen, Ihre Kritik oder Ihr Lob zu unseren Büchern. Haben Sie Fragen oder benötigen Sie weiteren Rat zum Thema? Wir freuen uns auf Ihre Nachricht!

Wir sind für Sie da!
Montag–Donnerstag:
8.00–18.00 Uhr;
Freitag: 8.00–16.00 Uhr
Tel.: 0180-5005054*
Fax: 0180-5012054*
E-Mail:
leserservice@graefe-und-unzer.de

PS: Wollen Sie noch mehr Aktuelles von GU wissen, dann abonnieren Sie doch unseren kostenlosen GU-Online-Newsletter und/oder unsere kostenlosen Kundenmagazine.

GRÄFE UND UNZER VERLAG
Leserservice
Postfach 86 03 13
81630 München

*(0,14 €/Min. ausdem dt. Festnetz/Mobilfunkpreise können abweichen)

»Streng genommen hat nur eine Sorte Bücher das Glück unserer Erde vermehrt: die Kochbücher.« Joseph Conrad